重塑：AI 心理引擎驱动金融创新

王欢　方彤　马晓飞　刘敏　等著

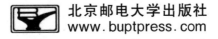

北京邮电大学出版社
www.buptpress.com

图书在版编目(CIP)数据

重塑：AI心理引擎驱动金融创新 / 王欢等著. -- 北京：北京邮电大学出版社，2022.5
ISBN 978-7-5635-6629-7

Ⅰ. ①重… Ⅱ. ①王… Ⅲ. ①互联网络—应用—金融—研究 Ⅳ. ①F830.49

中国版本图书馆 CIP 数据核字(2022)第 064108 号

策划编辑：彭　楠　　责任编辑：王晓丹　耿　欢　　封面设计：七星博纳

出版发行：北京邮电大学出版社
社　　址：北京市海淀区西土城路 10 号
邮政编码：100876
发 行 部：电话：010-62282185　传真：010-62283578
E-mail：publish@bupt.edu.cn
经　　销：各地新华书店
印　　刷：唐山玺诚印务有限公司
开　　本：720 mm×1 000 mm　1/16
印　　张：11.25
字　　数：190 千字
版　　次：2022 年 5 月第 1 版
印　　次：2022 年 5 月第 1 次印刷

ISBN 978-7-5635-6629-7　　　　　　　　　　　　　　定价：56.00 元

· 如有印装质量问题，请与北京邮电大学出版社发行部联系 ·

序 一

人工智能（AI）对当今社会的影响是巨大的，而且正在以越来越快的速度发展。学者们越来越一致地认为，人工智能的应用将是下一场无声革命的中心。未来的工作将受到人工智能和机器人技术的高度影响，在许多行业中都是如此。到目前为止，这场革命在很大程度上是由技术驱动的，而心理学受到的关注较少。

人工智能对未来的工作有什么影响？人类如何与人工智能交互？人工智能系统何时以及如何更好地用于支持人的决策？人工智能何时可以接替人？回答上述问题的关键主题是心理分析，特别是在企业招聘场景和客户服务场景。为了满足个人客户的最佳需求，人工智能可以充当加速器。这本书可以帮助我们了解当前的快速发展，并引发我们对挑战的思考，这些挑战包括行业监管部门、企业、个人面临的挑战。100多年来，心理分析一直是心理学作为一门学科的基础，用于查看招聘的大量员工中哪些人适合哪种工作。从那时起，心理分析领域得到了巨大的发展，从学前智力测试，到职业咨询、人员选拔，以及企业营销、社会工作和其他方向的各种心理分析和相关测试。最近，心理分析在教育和医疗保健方面也正在得到更多的应用，无论是对员工，还是对客户，人工智能和机器人技术带来了许多新的可能性，特别是在各种领域的定制服务、治疗和预防措施上。这必然会促使工作类型发生快速转换，并要求员工具备与人工智能系统交互的、新的工作能力，这也不可避免地引发了道德和职业操守问题。然而，人工智能的发展来源于我们对人类社会发展的深刻理解。对于所有想要了解这种趋势是什么以及如何在人工智能的帮助下塑造人性化未来的人来说，这本书是必读的。我强烈推荐！

马丁·乌尔玛教授

比利时鲁汶大学心理与教育学系教授

鲁汶大学心理学与职业学习研究中心主任

鲁汶联合管理中心联席主任

序 二

一、心理学对人工智能技术的贡献

人工智能经过60多年的演进,目前已经呈现出视觉感知、语音识别、深度学习、人机协同等新特征和新突破。纵观人工智能的发展史,人工智能技术的每一次突破都来自与心理学的紧密结合,在推动人工智能进步的过程中,心理学都在直接或间接地发挥着重要的作用,具体如下。

(1)以美国加利福尼亚大学圣迭戈分校心理学教授戴维·鲁姆哈特(David Rumelhart)为首的学者发明的反向传播算法在训练多层神经网络上的突破,为现代人工智能技术的兴起奠定了基础。

(2)英国伦敦大学学院认知神经科学博士德米斯·哈萨比斯(Demis Hassabis)将起源于心理学经典条件反射和操作性条件反射的强化学习与深度学习结合起来,推出的深度强化学习技术最终解决了困扰人类几千年的围棋问题。

(3)深度学习三巨头之一的加拿大多伦多大学心理学家和计算机科学家杰弗里·欣顿(Geoffrey Hinton)(反向传播算法的创始人之一)在早期多层神经网络的基础上提出深度学习技术,再次掀起了人工智能的狂潮。近年来,为了解决卷积神经网络(CNN)的一些缺点,欣顿基于大脑视觉加工特点提出了胶囊网络(CapsNet),通过与现有的卷积神经网络相结合,实现在图像分类的数据上使用更少的数据得到更广的泛化。

同时,有关人工智能的心理学研究内容也被明确写入国务院2017年颁布的35号文件《新一代人工智能发展规划》,融合互联网、大数据、神经网络、脑科学等新兴科技的人工智能心理与行为研究被提升至国家战略高度，可见心理学在人工智能领域发展的重要性。

从人工智能的技术流派来看，人工智能的研究范式极大推动了人工智能的发展，对人工智能的方法论研究影响较大的主要包括三个代表性的学派：符号主义、连接主义和行为主义。实际上，符号主义和行为主义都代表最基本的心理学理论，符号主义侧重于建立完整的公理系统，行为主义侧重从试验来验证理论猜想，因此心理学可以被认为是人工智能的基础支撑理论之一。

当前，在大数据基础上，深度学习和强化学习技术正引领着人工智能的热潮，例如：深层神经网络受到认知神经科学的启发，在图像、语音及自然语言处理等方面取得重大突破；强化学习通过与环境互动所获得的奖惩来使主体在最大化期望奖励诱导下快速提升系统性能，这与心理学的行为主义范式如出一辙。此外，在深度学习和强化学习技术中引入注意力、长短时记忆等心理学机制也体现出用心理学理论来武装人工智能的时下趋势。

人工智能的核心目标是研发出高级智能系统，而真正的智能则应具备一定的心理活动机制，很明显的是，心理学的价值与作用不可或缺。

二、当前人工智能发展的瓶颈与困境

1. 弱人工智能的"天花板"

人工智能经过几十年的发展，在各个特定领域均有重大突破，比如，在语音识别、图像处理和物体分割、机器翻译等方面的显著进步已经接近或超越人类水平，但都属于弱人工智能的范畴。当前的弱人工智能实际上涉及机器的视觉、听觉和触觉感知的能力，主要通过数据驱动来实现对深数据的处理并做出初步决策，擅长单个方面的人工智能应用领域，这些机器表面看像是智能的，但是并不真正拥有智能，不能真正实现推理和解决问题，也没有自主意识。这说明人工智能还没有获得真正的"智"，只不过是"术"的迅猛发展。

强人工智能也叫通用人工智能，是指能够解决不同领域中各种问题的人工智能，它能够像人类那样学习、决策和反思。而目前机器学习"黑盒"背后的不可解释性,导致了技术效果的不可靠性及较差的鲁棒性,这表明当前的人工智能发展已经处于一个技术瓶颈。回归人工智能的初心,重新挖掘和研究人的心理思维、生物电、认知科学、脑科学等机制,寻求新的突破口显得尤为重要。

人工智能是一个基础研究与技术应用紧密结合的领域,对基础研究的不足和理解不到位会直接导致在应用上的错位。以人类的心理动机为例,动机对行为有直接的指向性,涉及行为的发端、方向、强度和持续性。那么,机器究竟能否形成与人类似的动机呢?事实上,让机器产生动机的一大难点在于动机是很难被表征的。目前还没有研究清楚地展示动机的形成机制,表征的必要不充分条件是具有可以被清晰表达的框架,而且动机的转换边界目前也并不明确,因此,动机的权重值便无从下手,从而导致计算陷入僵局。另外,动机还有有意识动机与无意识动机之分,目前的人工智能界对于意识层面的内容还知之甚少,更不要提对动机进行表征了,但这却是目前感知智能与认知智能之间差异最为显著的地方,也是目前弱人工智能发展的瓶颈所在。

2. 数据的有效性不够,数据孤岛化严重

人工智能发展至今,表现出三个与数据紧密相关的问题。

(1)海量的数据固然重要,但只有经过计算、进行训练的数据才能产生价值,目前很多领域的数据数量有限且"噪声"较大,甚至获取到的大部分数据没有价值。因此,提高数据的有效性是目前的一大难题。

(2)由于竞争关系、安全问题、审批流程等因素,数据之间的流通存在着难以打破的壁垒,无法真正发挥应有的价值。

(3)数据的安全和隐私问题受到社会的广泛关注,重视数据隐私和安全已经成为世界性的共识,各个国家和地区陆续出台了各种数据保护方案,这在客观上对数据的获取和使用提出了更高的要求。

3. 人工智能人才红利不足

在我国人工智能产业强劲的发展浪潮中,研究和应用人工智能技术的企业数量不断增加,人才需求在短时间内激增。但由于我国人工智能起步较晚、发展历程较短，人工智能人才储备不足且培养机制不完善，导致当前高校、企业等人才培养速度无法匹配产业的需求扩张速度，产业内能够满足需求的有效人才不足。以《国务院关于印发新一代人工智能发展规划的通知》中确立的 2020 年实现人工智能核心产业规模超过 1 500 亿元为目标的话，当前我国人工智能产业内的有效人才缺口达 30 万。

三、下一代人工智能的发展趋势与机遇

1. 从感知智能到认知智能的跨越

未来人工智能热潮能否进一步提升"天花板"，形成更大的产业规模，认知智能的突破是关键。认知智能可以帮助机器跨越模态理解数据，赋予机器常识和因果逻辑推理能力，使机器学习到最接近人脑认知的"一般表达"，从而获得类似于人脑的多模感知能力。同时，认知智能使得 AI 系统主动了解事物发展的根本规律和因果关系，促使其成为下一代具有自主意识的 AI 系统。

认知智能将结合人脑的推理过程，进一步解决复杂的阅读理解问题和少样本的知识图谱推理问题，协同结构化的推理过程和非结构化的语义理解。认知智能需要解决多模态预训练问题，帮助机器获得多模感知能力，赋能海量任务。同时，认知智能的实现离不开科学的机制设计，包括如何建立有效的机制来稳定获取和表达知识，如何让知识能够被所有模型理解和运用。认知智能将从认知心理学、脑科学以及人类社会学中汲取更多的灵感，并结合知识图谱、因果推理、持续学习等研究领域的发展进行突破。

2. "数据驱动＋知识驱动"的双重赋能

AI 的发展经历了知识驱动和数据驱动两个阶段。知识驱动的人工智能包括知识、算法、算力三要素，数据驱动的人工智能包括数据、算法、算力三要素，两者都有一定的局限性，很难深入行业生产系统，解决行业的实际问题。未来的方向是把数据驱动和知识驱动相结合，从目前的数据、算法与算力三要素升级到数据、算法、算力与知识四要素，这是 AI 未来发展的必然

方向。

人工智能技术可以面向新的应用场景,将人工智能技术与行业知识融合后,通过人工智能算法,实现各领域应用的机理模型、知识模型、物理模型等和数据模型的融合,实现跨界创新和智能服务,深度发挥数据驱动和知识驱动的双重赋能效应。知识驱动和数据驱动结合的难点在于行业知识和AI的结合,这就对兼顾行业的业务理解和AI转化的创新先驱者们提出了更高的要求。

3. 心理引擎将重构与引领人工智能在行业中的应用

在弱人工智能阶段,在处理复杂的信息过程中,信息发出的终端往往与人类密切联系,无论是发出信息端还是操纵人工智能处理这些信息的处理端都往往是人类,这需要足够科学合理的结论作为解释支撑,如果不去研究和借鉴大脑的工作原理,尽管计算领域确实通过系统优化算法参数解决了一些工程问题,但离人工智能的初衷反而可能会更远。

人类大脑具有自主学习、直觉、情感和潜意识等异常复杂的功能,加强这些功能的基础研究将最终贡献于强人工智能的实现,而深入研究人类心理机制也是迈向强人工智能发展的必经之路。从强人工智能的进阶与演化方向来看,心理引擎站在心理识别的视角,通过与AI技术的深度结合形成关于"人"的心理画像的算法集合,对心理的不同维度进行量化表达与识别。同时,基于对行业的业务理解,以心理学视角重塑业务流程,将海量客户进行分类,并匹配不同的营销和服务策略,最终实现意愿转换。

从实际业务的应用角度来看,个人用户的选择与决策往往决定业务的成败,在这过程中意愿转换具备很强的个人心理特征,认同与否、信任与否、接纳与否、合作与否等因素都对业务结果造成影响。心理引擎将人工智能技术和具体业务场景结合,围绕客户的心理需求重构业务模式,关注及深入探求客户的诉求,挖掘客户的痛点,实现在业务过程中"以客户为导向"的真正落地,直接提升业务效益。

如何最大化地识别客户更深层次的真实心理是未来人工智能在行业应用中实现落地价值的重大突破口。心理引擎在业务维度画像之外补充心理维度画像目前已在银行和保险行业得到了有效验证，未来将在金融、医疗、安防、教育等领域持续发挥效益价值，这将反过来推动人工智能技术在应用层的发展速度，同时将人工智能的应用从感知层提升到心智层，为迈进强人工智能提供前沿探索。

前 言

当"AI心理引擎"面世近三年的时候,《重塑:AI心理引擎驱动金融创新》正式出版。

AI心理引擎运用AI技术形成"人"的心理画像的算法集合,它将"心理"的多个维度进行量化表达。AI心理引擎将人工智能从感知层提升到心智层,被业内誉为"强人工智能(类人智能)发展不可或缺的一环"。

我们从三个层面讲解AI心理引擎的价值,分别为社会价值、学术价值和商业价值。

1. AI心理引擎的社会价值:"常人"是一切的基础

"常人"一旦被视为家庭角色、消费者和职场人士,就被赋予了社会角色承载的责任,往往被异化为家庭、社会和职场的工具,丧失了自然人的自由。然而,"常人"的本性并未丧失,只是被层层包裹,真实的自我(即人的"本色")无法自然显现,但却无时无刻不在发挥作用。

AI心理引擎所讲的"心理维度的识别与画像",是应用心理学抛开外部场景(比如一个人的社会属性和职业背景),对纯粹常人层面的识别,比如对沟通风格、态度、情绪、性格、价值观等的识别。这能帮助个体了解自我,也帮助每个组织了解其成员。只有当心理测量可以在一定程度上帮助我们了解自己、了解有关联的他人的时候,才可以进而做到对"人"的理解与尊重,从而建立彼此的信任。因此,AI心理引擎促进了人与人信任的建立和提升,这对构建和谐社会是有价值的,我们称其为AI心理引擎的"社会价值"。

2. AI心理引擎的学术价值:将推动应用心理学的变革

AI与心理学的结合被视为下一代AI的方向,被技术人员称为"有温度"的人工智能。从心理学研究的角度看,高科技手段使心理学真正应用到了人与人交互的场景。

众所周知,传统的个体心理学关注个体的神经系统,多从生理角度解释和分析个体的行为。人工智能技术（如语音识别、文字识别和视觉识别等）可以收集组织中人与人之间的交互过程，极大地丰富了心理学研究的数据。AI心理引擎从心理维度进行分析和干预，从而升级了消费心理学、组织心理学和管理心理学。

AI和心理学结合，一方面可以验证、丰富心理学的理论模型；另一方面又将方法论应用于实践，在生产领域发挥更大的作用。AI心理引擎处理的不是一对一的简单交互，而是智能的、多变量的复杂决策场景，这无疑是应用心理学的一场革命。

3. AI心理引擎的商业价值

（1）AI心理引擎帮助企业挖掘客户痛点，提升企业核心竞争力

"客户至上"的企业，围绕客户的需求设计业务模式，深入探求客户的诉求，挖掘客户的痛点。AI心理引擎是从现象到本质，帮助企业挖掘客户痛点的有效工具。"以客户为导向"的企业，只有深入挖掘客户痛点，才可能成为所在行业的领先者。相反地，以自身能力为导向的企业，对客户痛点挖掘不够，在竞争中往往落后于需求驱动的企业。AI心理引擎可以帮助企业在业务过程中真实落地客户导向，而不只是把"以客户为导向"停留在口头上。

（2）AI心理引擎帮助企业实现客户心理画像，制定差异化策略

将海量用户进行分类识别，并匹配不同的营销和服务策略，不少企业已经在这样做了。如果在客户识别中增加新的维度，现阶段可以选择的就是心理维度，心理维度的识别恰恰也是销售和服务人员所欠缺的。心理维度细分后所制定的差异化策略，可以帮助销售和服务人员搞定业务的同时又"搞定人"，"搞定人"才是业务成功的关键。

（3）AI心理引擎为企业带来创新突破方向

领先企业在业务层面的创新，已经达到行业领先，触到了"天花板"，若这些企业想要寻求新的突破，则需要选择新的维度。客户心理维度的识别是可以大有作为的方向。因为在企业竞争中，能够将消费者心理掌握到位的团队还很少，所以需要一个工具帮助一线团队把客户心理分析到位。

AI心理引擎的应用，面向的是企业向个人用户提供服务的场景，当前阶段有两个关键点。

(1) 个人用户的选择是业务成功的关键

一个业务如果涉及个人用户决策的过程，同时个人用户选择与否决定了业务的成败，那么这个业务就是 AI 心理引擎典型的应用场景。这里用户的意愿转换具有很强的个人心理特征，意味着认同与否、信任与否、接纳与否、合作与否。用户的心理之门能否打开，则是业务成功的关键。因此，销售意愿的达成、投诉客户的意愿转换、逾期客户的还款意愿转换，关键在于客户的认同与接纳。

(2) 关键岗位可以影响用户的决策

若要影响个人用户的决策过程，企业需要在用户界面设置关键的岗位，这类岗位就是 AI 心理引擎应用的抓手。比如，电话销售的销售员、保险销售的代理人、呼叫中心的客服人员等都是业务达成的关键岗位。关键岗位通过使用 AI 心理引擎及业务策略，很好地了解了客户的诉求，因此也就提升了业绩。

上述两点阐述了个人用户心理识别应用的客观必要性。进一步，如果业务场景中具有海量的个人用户，AI 技术将发挥更大的效用。比如银行、保险、健康、电商等行业，它们都具有庞大的个人用户群，单从提升效率、优化算法而言，AI 技术就已经具有巨大的价值。同时这些企业还掌握了客户心理，可以更有效地促进沟通，提升客户体验，直接产生绩效。因此，在适合的海量用户应用场景中，借助关键岗位可以发挥 AI 心理引擎巨大的效用。

当然，AI 心理引擎自身的发展需要心理识别的数据收集、模型算法的迭代优化以及与 AI 技术的深度结合。同时，业务融合的速度和效度也将决定未来应用层的发展速度。

这里，我们也憧憬下，当银行、保险、健康等行业的头部企业将目光投向 AI 心理引擎的时刻，也就是 AI 心理引擎充分发挥作用的时刻。AI 技术的发展进程中，心理学所发挥的价值未来可期，我们拭目以待。

方 彤

目 录

第1章 导论 ………………………………………………………… 1

1.1 人工智能应用的发展 ………………………………………… 1
1.1.1 中国人工智能应用发展的条件 ………………………… 1
1.1.2 人工智能在营销服务领域的应用 ……………………… 4
1.1.3 人工智能技术在心理识别中的应用 …………………… 6
1.1.4 人工智能时代下客户立体画像的构建 ………………… 9

1.2 AI心理引擎重塑金融行业 …………………………………… 11
1.2.1 人工智能与心理学的渊源 ……………………………… 11
1.2.2 "AI＋心理学"——金融行业发展的新引擎 …………… 16
1.2.3 人工智能与心理学的未来展望 ………………………… 18

第2章 AI心理引擎的理论模型及应用 ………………………… 23

2.1 基础理论模型 ………………………………………………… 23
2.1.1 PEDA 模型 ……………………………………………… 23
2.1.2 PEDA 模型的理论延伸 ………………………………… 26
2.1.3 RID 模型 ………………………………………………… 28

2.2 建立、维护长期客户关系 …………………………………… 31
2.2.1 打破僵局——用心理画像快速破冰 …………………… 31
2.2.2 获取信任——信任是客户关系的基础 ………………… 34

2.2.3 稳定交流——持续暖化客户 ……………………………………… 38
2.3 影响客户决策的方式 …………………………………………………… 40
  2.3.1 利用沟通风格影响客户决策——以保险电话销售场景为例 …… 40
  2.3.2 利用情绪影响客户决策——以电话催收场景为例 ……………… 44
  2.3.3 利用无意识影响客户的决策——以保险营销与服务为例 ……… 49
2.4 满足客户的多样化需求 ………………………………………………… 52
  2.4.1 识别客户的需求层次,满足客户需求 …………………………… 52
  2.4.2 不满客户的需求识别与应对 ……………………………………… 56
  2.4.3 拖延客户的需求识别与应对 ……………………………………… 59

第3章 AI心理引擎重塑催收行业 …………………………………………… 63

3.1 催收行业的定位与策略提升 …………………………………………… 63
  3.1.1 金融业务的创新发展 ……………………………………………… 63
  3.1.2 疫情下催收的定位及策略转换 …………………………………… 65
  3.1.3 反催收联盟的概念与应对策略 …………………………………… 67
3.2 AI心理引擎在催收行业中的价值 ……………………………………… 70
  3.2.1 AI心理引擎提升电话催收的产能 ………………………………… 70
  3.2.2 AI心理识别在催收投诉处理中的应用 …………………………… 74
3.3 AI心理引擎赋能催收行业 ……………………………………………… 77
  3.3.1 组织赋能——管理优化工作坊与策略改进工作坊 ……………… 77
  3.3.2 专业赋能——发挥催收业务层承上启下的角色价值 …………… 80
  3.3.3 讲师赋能——AI心理催收内训师岗位认证 ……………………… 82
  3.3.4 系统赋能——逾期客户AI心理识别与策略系统 ………………… 84
  3.3.5 一线赋能——PEDA心理催收的微课体系 ……………………… 88
3.4 AI心理引擎在催收行业中的应用方法 ………………………………… 90
  3.4.1 关系搭建——建立与逾期客户的信任关系 ……………………… 90
  3.4.2 有效施压——促进客户还款的关键动作 ………………………… 92
  3.4.3 把控谈判压力点——提升催收人员的谈判能力 ………………… 95
3.5 催收行业人员的能力提升以及催收团队的绩效提升 ………………… 99

3.5.1 有效提升催收人员处理分歧的能力 ………………………………… 99
3.5.2 有效提升催收人员的情绪管理能力 …………………………………… 102
3.5.3 催收绩优者画像推动团队绩效提升 …………………………………… 104
3.6 AI 心理催收的未来展望 …………………………………………………… 106

第 4 章 AI 心理引擎重塑保险营销服务

4.1 AI 心理引擎在保险行业中的应用 ……………………………………… 109
    4.1.1 AI 心理引擎如何突破保险营销服务的困境 ………………………… 109
    4.1.2 客户洞察——社会阶层的识别是保险营销的起点 ……………… 112
    4.1.3 客户洞察——家庭角色的识别是保险营销的基础 ……………… 114
    4.1.4 客户洞察——沟通风格的识别是客户导向的体现 ……………… 116
    4.1.5 关系建立——保险客户信任关系的建立与提升 ………………… 122
    4.1.6 转换意愿——利用痛点发现客户的"心动时刻" ………………… 125
4.2 客户心理画像在保险场景中的应用 …………………………………… 128
    4.2.1 客户心理画像在个险渠道的应用 ………………………………… 128
    4.2.2 客户心理画像对高净值客户的应用 ………………………………… 133
    4.2.3 客户心理画像在保险电话销售场景的应用 ……………………… 136
    4.2.4 客户心理画像在电话退保劝阻场景的应用 ……………………… 139
4.3 AI 心理引擎对保险营销服务的改进 …………………………………… 142
    4.3.1 行为改进——AI 心理引擎赋能保险营销团队的能力提升 …… 142
    4.3.2 系统改进——AI 心理引擎重塑保险营销服务系统 …………… 145

参考文献 ……………………………………………………………………… 148

附录 …………………………………………………………………………… 151

后记 …………………………………………………………………………… 158

第1章 导　　论

1.1　人工智能应用的发展

1.1.1　中国人工智能应用发展的条件

每每中国市场有新的商务模式出现，总会有人问：美国有没有这种模式？这种情景是否可以在中国人工智能应用的发展过程中有所改观？

毋庸置疑，美国引领了高新技术的发展，人工智能早期的技术突破大多是在美国实现的。然而，从互联网的发展来看，特别是从移动互联网的应用发展来看，中国人工智能发展速度之快、规模之大，令人咋舌。由此我们推论，人工智能应用的爆发将会最早出现在中国。

梳理人工智能的发展历程，我们认为，中国市场具备了人工智能应用高速发展的条件。

党和国家高度重视人工智能的发展，大力推行人工智能支持政策。

2018年10月31日，习近平总书记在十九届中央政治局第九次集体学习中发表讲话："人工智能是新一轮科技革命和产业变革的重要驱动力量，加快发展新一代人工智能是事关我国是否抓住新一轮科技革命和产业变革机遇的战略问题。"

近年来，中国各级政府从产业规划、政策资金、产业配套等方面大力推动了人工智能的发展，为人工智能的发展营造了生态、注入了资源。各高校和研究机构在人才供应和前瞻性研究方面发挥了重要的作用。

我们从如下四个方面分析人工智能应用高速发展的条件：技术条件、数据积累、供方能力、客户需求。

1. 技术为人工智能应用发展提供了可能性

中国人工智能学会发布的《中国人工智能发展报告 2020》指出："人工智能在过去十年中从实验室走向产业化生产""人工智能理论和技术取得了飞速发展，在语音识别、文本识别、视频识别等感知领域取得了突破"。

中国科学院张钹院士、中国工程院李德毅院士和王恩东院士等业界人士指出，人工智能已经历计算智能、感知智能，将迈入认知智能的技术阶段。

回顾人工智能技术的演进，人工智能相关的技术已经进入成熟期。根据《中国人工智能发展报告 2020》，现已成熟应用的 AI 技术主要是语音识别，即将步入生产成熟的 AI 技术是机器学习、计算机视觉、深度神经网络、决策智能以及增强智能。

从人工智能通用技术中国厂商列表中可以看到，中国在计算机视觉、语音识别、自然语音理解、机器学习、知识图谱领域均有领先的技术公司，除 BAT 外，我们还可以看到独角兽企业，如商汤、科大讯飞、三角兽。如图 1.1 所示。

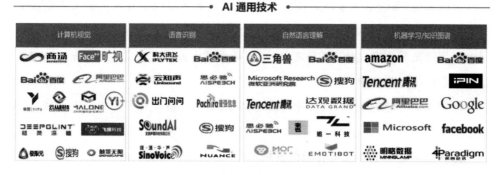

图 1.1 人工智能通用技术中国厂商列表

2. 人工智能应用发展的基础——数据已积累到一定程度

没有足够量级的数据，人工智能就难有用武之地；反之，如果有了足够量级的数据，人工智能所发挥的效能就会非常显著。

首先，数据积累得益于各个行业的行业信息化建设。政府与公共服务、金融、电力与资源、交通物流、教育和制造等行业已经从初期的办公自动化 OA 系统，发展为管理信息系统、进销存系统、CRM 系统、呼叫中心（CallCenter）系统、财务系统、人力资源管理系统和 BI 决策支持系统。大型企业的绝大多数业务流、决策流、信息流和资金流数据都可以通过 IT 信息系统得到，企业数据库建设为企业人工智能的应用建立了基础，可以说，海量的用户数据为企业人工智能提供了广阔的应用场景。

其次，数据积累来源于互联网的发展。互联网电子商务、信息搜索、视频服务、新闻信息、娱乐游戏等记录了海量的用户信息。

涂子沛在《数文明》一书中讲到，只要用户登录互联网，互联网就开始记录。其中包括：网页地址（URL）、点击时间（Hit Time）、页面停留时间（Time on Page）、页面区域唯一标识符（Session Step）、访问来源（Referers）、进入页面（Entrance）、离开页面（Exit）、开始时间（Begin Time）、结束时间（End Time）、访问时长（Time On Site）、访问页面数（Depth of Visit）、用户属性（Cookie）。电商网站中，消费者的点击、浏览、查阅、停留、关闭等动作都清清楚楚地被记录下来，像矿产一样沉淀在互联网上。涂子沛说："互联网把记录的颗粒度和细致程度推向了一个前所未有的高度，这是划时代的变化，它完全改变了人类数据世界的版图。"

最后，数据积累得益于移动互联网的发展。手机应用的发展更大范围、更大规模地记录了个人的衣食住行、游乐娱购、手机通信、社交、新闻、导航、娱乐、支付和定位等多种应用记录了几乎所有的个人行为，涂子沛说："个人数据的爆炸，是大数据作为现象级事实出现最早也最为重要的原因。"

综上可知，企业数据和个人数据的爆炸性增长为人工智能应用提供了发展的基础。

3. 人工智能应用发展的供应方——应用服务提供商已具备能力

人工智能应用的发展离不开这个行业的驱动者——应用服务提供商。我们欣喜地发现，几乎所有第一梯队的应用服务提供商都在不同程度地利用人工智能提升客户体验、提高效率、降低成本。

移动互联网在极大地提升用户体验的同时，还满足了用户个性化的需求，谁能够更关注用户的个性化需求,谁就有可能成为行业的领先者。

应用服务提供商充分利用碎片化时间,面向不同用户群体,提供便利的功能,如由用户自创精准短小的内容,成就全民性爆品。我国主要行业的应用服务提供商如图1.2所示。

图1.2　我国主要行业的应用服务提供商

4. 人工智能应用发展的需求方——企业客户具有创新突破的动力

人工智能应用成为真实的需求,离不开头部企业的内在创新动力。人工智能在消费者领域的应用,归根结底是行业领先的大型企业自发的创新突破带来的。

互联网企业和移动互联网企业的商务模式创新都离不开对新技术的采纳,而现今的高新技术均绕不开人工智能。传统企业也在全面互联网化和上云。从金融行业来讲,二十年后,互联网金融将是金融的全部;电信运营商认为,全面云改是企业战略,物联网将是下一个发展蓝海。而互联网金融、云改和物联网也都离不开人工智能。由此我们发现,人工智能已然成为企业创新突破的标志。

总之,在中国市场,人工智能具备了高速发展的条件。我们有理由相信,在可以预见的未来,人工智能应用在金融、教育、安防、娱乐和民生等领域将得到大规模应用。

1.1.2　人工智能在营销服务领域的应用

1. 什么是人工智能营销

传统营销通过对既有客户数据进行人工分析,判断客户的内在想法,指导营销人员开展下一步业务动作,但这种做法存在人为主观性且需要花费大量的人力成本和时间成本,这使得传统营销在洞察客户真实需求上存在很大的缺陷。人工智能营销(AI Marketing)是一种以大数据的强大洞察力为基础,结合客户数据,利用人工智能技术(如机器学习)来实现精准客户画像、有效预测客户下一步行动的方法。

2. AI 让营销变得越来越高效

埃森哲的研究报告《人工智能:助力中国经济增长》指出,到 2035 年,人工智能将拉动中国经济年增长率从约 6.3% 提速至约 7.9%。据 IDC 发布的《数据时代 2025》预测,到 2025 年,全球的数据信息总量将会提高至约 175 ZB,是目前的 10 倍之多。对于企业来讲,海量数据的背后代表的是巨大的商业价值和市场机会,有了大数据作为支撑,AI 营销将会变得更加精准、高效。

(1) 当人工智能碰撞电商

AI 精准推送已经成为各大应用平台抢占市场的"看家本领",无论是国内的淘宝和京东,还是国外的亚马逊等,个体消费者在打开应用平台时,系统都会根据用户的历史浏览记录和近期搜索记录来判断消费者的兴趣、偏好和近期需求,从而推送用户可能感兴趣的产品信息,以提高成交的可能性。

麦肯锡估计,亚马逊约 35% 的消费者购买来自相关算法的产品推荐。国内电商巨头阿里巴巴通过淘宝和天猫平台在中国电子商务领域占据市场龙头地位。以 2016 年的双 11 购物节为例,阿里巴巴利用人工智能在用户的个性化页面上展示用户感兴趣的推荐产品,从而帮助商家提高了约 20% 的转化率。

(2) 当人工智能碰撞在线客服

如今各大应用平台都配置了客服机器人的功能服务,但目前的机器人只能够解答一些基本的常规问题,无法解答稍微复杂的问题。随着 AI 的发展,尤其是语音识别和机器学习技术的突破和成熟,"人工智能+在线客服"的形式能保证较低的出错率和较好的解答效果,甚至还可能创造二次营销。随着问题数据库和应对处理数据库的建立和成熟,未来很多公司的客服很可能会被人工智能机器人替代,甚至作为与机器人对话的用户,可能都分不清对方是真实的客服人员还是客服机器人。

(3) 当人工智能碰撞电话营销

在人工智能时代，AI能够依据客户的多维数据（如年龄、工作、收入、学历、社交偏好、消费偏好、兴趣爱好等）进行精准画像，并给出更适合客户的个性化产品解决方案。同时，在未来的AI电话营销场景中，AI也将更关注客户情感的类型和变化，帮助企业与客户更快地完成关系破冰，并建立更好的信任关系，同时通过AI语音识别来判断客户当前的情绪，从而更加有效地安抚和共情。

(4) 当人工智能碰撞营销策划

受益于人工智能的发展，企业通过对目标客户进行画像分析来采用更合适的广告投放方案，使广告投放的效果和价值得到了显著的提升。加拿大著名的技术公司Acquisio发布的报告显示，使用AI技术的广告投放效果是普通广告投放效果的2.5~4倍。

3. 未来展望

麦肯锡发现，在采用了人工智能的企业中，有约82%的企业获得了相应的经济回报，可以说，人工智能在信息数据越来越爆炸的时代所表现出的潜力和价值越发明显。

大数据的蓬勃发展为人工智能营销的应用创造了外在数据条件和新的发展机遇。面对海量的客户数据库，系统利用AI技术有效挖掘和分析客户内在心理活动，实现对客户未来消费行为的精准引导。相比传统营销，人工智能营销可以实现自动化实时分析和结果产出，大幅减少人工分析的成本，带来的运营效率提升显而易见。另外，人工智能营销还能够帮助企业快速做出营销反应动作，提高营销成功率。

总体来说，人工智能的爆发式发展为企业的营销服务带来了新的变革机遇。

1.1.3 人工智能技术在心理识别中的应用

美国科技企业的技术积累和研发仍具备相对优势，谷歌、微软、Facebook、亚马逊等大型企业正在成为人工智能研究的新巨人。而在人工智能应用方面，企业竞争力将主要取决于商业化执行力度、产品质量、创新速度和数据量，而中国的企业在这些方面有一定的优势。

在国内外领先企业对人工智能的研发中,心理学方面的应用是大多数企业研发的突破点,本小节主要分析人工智能在心理识别中的应用。

1. 通过面部特征和行为表现识别心理

(1) 基于面部特征的人格类型测量

人工智能技术中的表情识别技术被用于心理学人格预测的研究中。在之前的工作中,人们往往用量表确定人格类型,这需要花费受测者和组织者很多时间。

2016年,加夫里列斯库(Mihai Gavrilescu)建立了一种新的非侵入性系统,这一系统可以根据面部动作编码获得的面部特征来确定人的人格特征。2017年,加夫里列斯库和维齐雷努(Nicolae Vizireanu)提出了一种基于面部动作编码系统的面部特征分析系统,用以预测人们的卡特尔人格特征(16种)。该系统能够在1分钟内准确预测个体的卡特尔人格,比卡特尔量表更快速、更实用,适合短时间内判断人的个性特征。

(2) 通过面部表情和行为识别情绪

AI深度学习的情绪识别已经从快乐、惊讶、愤怒、悲伤、恐惧和厌恶等基本情绪发展到了更微妙的情绪(超过20种),如愉快的惊讶、愤怒的惊讶、敬畏等。心理学家将人类的情绪分为27种,由美国俄亥俄大学开发的情绪AI,可以根据照片中的面部表情识别出21种情绪,并且该系统在检测这些情绪时比人类更准确。

机器识别情绪依靠的是识别面部肌肉运动以及由面部血流变化所引起的面部颜色变化,面部肌肉运动和颜色变化都与由情绪引发的神经活动相关。面部表情研究先驱保罗·艾科曼(Paul Ekman)于1971年发表的文章表明,对于不同国家、不同种族的人而言,虽然他们的语言、文化不同,但基本的情绪表情却是一致的,其外在表现遵循固定的模式。

未来人工智能的研究应加强对"情绪"和"情感"的了解,而"情绪"方面的研究也是心理学近年来备受关注的研究领域。未来人工智能和心理学在"情绪"领域的结合,将会碰撞出更具应用价值的火花。

(3) 商业化应用

能够通过面部变化和行为识别人类情感的AI,在商业上的应用案例越来越多。

Affectiva和Realeyes等公司提供基于云的解决方案,使用网络摄像头跟踪面部表情和心率（通过检测面部皮肤的变化）。这种解决方案的用途之一是用于市场调查，例如，当消费者观看广告时，该技术可以检测他们对广告中图像或文字的感觉。

软银的 Pepper 和本田的 3E-A18 等机器人作为移动信息亭，部署在机场、商场和酒店等服务区域。这些机器人可以通过识别用户的肢体语言、语音模式和面部表情，分析用户的感受，识别用户的困惑，并找到服务中的问题，从而为他们提供更加满意的服务。

2. 通过语音识别心理

（1）语言特征与情绪及性格的匹配

语音识别技术通过人的语音中的语音参数（如语速、基音均值、语音强度）和语义信息（指消除事物不确定性的有一定意义的信息）识别某段语音所表达的情绪。

首先看一下语音参数与情绪的匹配，如图 1.3 所示。

语音参数	愤怒	快乐	悲伤	恐惧	厌恶
语速	略快	快或慢	略慢	很快	非常快
基音均值	非常高	很高	略低	非常高	非常低
基音范围	很宽	很宽	略窄	很宽	略宽
语音强度	高	高	低	正常	低
音质	呼吸声、胸腔声	呼吸声、鸣叫声	共鸣声	不规则声音	嘟哝、胸腔声
基音变化	重读处突变	平滑、向上弯曲	向下弯曲	正常	宽、最终向下弯曲
发音清晰度	细紧	正常	含糊	清晰	正常

图 1.3 语音参数与情绪的匹配

再看一下语义信息与性格的匹配。有一个理论叫"过程交流模型（Process Communication Model，PCM）"，按照这套理论，把人大致分为 6 类性格人群，其中包括：组织者（Organizers）、连接者（Connectors）、真我（Originals）、顾问（Advisors）、实干家（Doers）和梦想家（Dreamers）。Mattersight 通过对每类性格人群大量话语进行机器学习，可以把握不同性格的语言特征，以上 6 类性格的关键词和典型人物如图 1.4 所示。

性格类型/ 人群中比例	关键词	典型人物
组织者/25%	basically (基本上)、make certain (确信)、my numbers (我的数据显示)	比尔·盖茨、美国前总统奥巴马
连接者/30%	feeling、kind of (有点)、best	雅虎前CEO玛丽莎·梅耶尔、戴安娜王妃
真我/20%	you guys、what's the deal (怎么样)、gotta problem (有问题)	成龙
顾问/10%	should not (不应该)、are you saying (你是说)、duty (责任)	苹果CEO蒂姆·库克、希拉里·克林顿
实干家/5%	do it、come on、bottom line (底线)	Uber前CEO特拉维斯·卡兰尼克、美国前总统特朗普
梦想家/10%	选择非个人化的词汇	—

图1.4　6类性格的关键词和典型人物

（2）语音识别的应用

Cogito的AI软件基于麻省理工学院人类动态实验室的行为科学研究，可以分析客户的情绪状态并为IT系统的人工座席提供即时反馈，使他们能够更轻松地与客户实现"共情"，促进交流。

语音识别也可扩展到其他领域，如医疗保健，自动IT系统可以通过声音检测出病人的痛苦。

情感AI最大的好处是将人机交互越来越多地应用到非口头交流，这将提升双方相互的理解能力。或许在不久的将来，Siri、Google Assistant、小爱同学等虚拟助手能根据用户当时的情绪而做出相应的反应，这将是一个重大的突破。

1.1.4　人工智能时代下客户立体画像的构建

1. 传统的客户画像

客户画像是企业对客户的基本认识，是企业细分客户群、制定差异化策略的基础。传统客户画像的分析维度包括基础数据和行为数据两大类。基础数据包括性别、年龄、所处地域、职业、职位、婚姻、有无孩子等客户基本属性。行为数据包括客户的购物、教育、投资、借贷、旅游、搜索、通信等数据，其中包含客户对某类产品的使用数据,如手机客户的业务品牌、通话数量、通话分钟总数、拥有的号码数量等,又如贷款客户的贷款类别、贷款金额、逾期次数等。企业通过对多维度数据进行分析得到客户画像,企业的客户画像会根据为客户提供的产品和服务不同而有所不同,如手机用户分为高端商旅型、WIFI依赖型、语音为主型;贷款用户分为稳健型、月光型、有固定房贷车贷型。

企业有了客户画像,结合相关统计数据,就能够针对性地对各类客户实施相应的策略,如选择不同的广告风格、不同的广告投放渠道和不同的广告投放位置。

2. 增加心理维度的客户画像

前文我们阐述了利用人工智能技术,可以识别人的面部表情变化、语音表达,从而分析出不同客户的性格特征和情绪。在客户心理画像中,同时将性格特征和情绪作为重要维度进行客户细分,这样有助于更好地与客户沟通,提高沟通效率,及时根据客户的情绪做出应对,提高客户满意度。

3. 识别客户的心理特征

业务层面的IT系统是适合使用人工智能的领域,如CRM系统、销售管理系统和呼叫中心系统。

业务层面的IT系统面向企业的业务环节,无论是营销、服务还是催收,都是企业重要的业务环节。在这些业务环节中,之前有相当高的比例是重复性的工作,传统人工很容易被人工智能替代,并且在既有系统上进行人工智能升级,更容易实现。

人工智能在IT系统中应用比较成熟的是话务机器人,它可以和客户进行第一轮沟通,将有意向的客户筛选出来。再者,通过自动语音识别技术(ASR)实现对大量语音通话的有效分析,可对人工座席进行高效的全量智能质检。利用人工智能,通过客户在电话沟通中的语音,可以识别客户的性格特征和情绪,从而有效地提升人工座席的沟通效率。

4. 实施有针对性的沟通策略

我们识别客户的性格特征和情绪后,就可以实施有针对性的沟通策略。

针对客户的性格特征应采用匹配的沟通策略。如表现型的客户买手机时,销售员需要多倾听,充分满足客户的表达欲;又如分析型的客户买手机时,则需要向对方多讲解手机的性能指标。

针对客户的不同情绪应采用合适的沟通策略。如投诉客户表现出愤怒时,我们应该用平缓的语气安抚客户,并主动承担相应的责任,从而让客户消除愤怒的情绪;而针对一个信用卡逾期客户,当他表现出害怕时,我们应该更多地表示理解,还要根据情况分析利弊,促使其还款。

人工智能可以对IT系统收集的海量语音数据和行为数据进行分析,通过机器学习,并辅以人工偏差审核,提高信息分析的准确度。一旦人工智能对客户表达出的心理特征的判断准确度明显超过人工客服,人工客服就可得到人工智能系统的帮助,从而更有效地与客户进行沟通,提升客户满意度。

1.2　AI心理引擎重塑金融行业

1.2.1　人工智能与心理学的渊源

人工智能的发展已经渗入到很多行业。从人工智能提出到现在,心理学和人工智能一刻也没有分开过。我们梳理下人工智能和心理学结合的渊源。

1. 从动物学习、人类学习到机器学习

德国心理学家赫尔曼·艾宾浩斯(Hermann Ebbinghaus)曾说:"心理学有着漫长的过去,但只有短暂的历史。"心理学早期属于哲学的范畴,1879年,德国心理学家威廉·冯特(Wilhelm Wundt)在莱比锡大学成立第一个心理实验室,成为现代心理学标志性的开端。美国心理学家加德纳·墨菲(Gardner Murphy)这样评价冯特:"在冯特创立他的实验室之前,心理学就像个流浪儿,一会儿敲敲生理学的门,一会儿敲敲伦理学的门,一会儿又敲敲认识论的门。1879年,它才成为一门实验科学,有了一个安身之处和一个名字。"作为第一个将自己称为"心理学家"的人,冯特提出,人的心理与生理是互相关联的,他以"内省"的方法为出发点,向内寻求对人们思维和情感的理解。

20世纪,行为主义者转向研究可以被观察和直接测量的行为本身,并重视环境因素所带来的影响。行为主义心理学家依靠对巴甫洛夫的狗、斯金纳的鼠、哈洛的恒河猴这类动物行为的研究,让动物处于受控的情境之中,寄希望于用从动物的"强化学习"中总结的行为规律,来反映多数人在现实生活中的行为。20世纪50年代以后,大量的证据证明了这种一般行为的不一般性和所谓的"学习规律"中的反常现象,生态学家继而提出的先天因素的重要性更是暴露了行为主义心理学采用经验主义的巨大缺陷,这些证据极大地撼动了行为主义心理学对动物学习的假设。

事实上,人类的学习过程绝不是刺激加反应这样简单直接。当今心理学界的共识,即人类学习是非常复杂的行为的集合,是内隐和外显两种方式有机的融合,是对环境主动的调和,也是新知识与固有经验的不断整合。

在行为主义心理学家之后,认知心理学家声称他们可以认识到人类的心理表征。可是,他们并不认为能观察到人类处理心理表征的过程。当认知心理学家需要用理论来解释心理表征,而理论又需要被验证时,他们转向了脑科学。认知心理学家们认为思维是大脑负责的事情,而脑科学可以帮助他们让大脑像人类身体中的其他器官一样被研究。心理学与脑科学早期的合作较多集中在基础认知功能,包括知觉、感觉、语言等方面。此时的神经科学技术手段成了心理学最亲密的朋友,不使用生理学的资料,心理学要想进步几乎是不可能的。

心理学是个好奇心极强的学科。心理学短暂的历史已经证明,什么技术手段能帮助心理学家研究人类的心智过程,他们就一定会尝试着学习和运用这种技术。

高速数字计算机(俗称"电脑")是近70年以来最重要的技术发明之一,冯·诺依曼是这种数字设备的缔造者,为纪念这位杰出的科学家,高速数字计算机被称作"冯·诺依曼计算机"。电脑基于一种更高能耗的方式运作,与人脑一样,它可以对符号和数字进行操作和计算。于是人们自然地把人脑联想成是以某种形式在相当复杂地运作的"冯·诺依曼计算机"。我们知道电脑是由工程师精心设计出来的,而人类的大脑则是动物经自然选择一代又一代进化而来的。通常提及的"人工智慧""智能模拟",简而言之,就是设计出电子设备,并让它们像机器的身体那样运转。

人工智能与心理学的渊源绝不仅仅停留在文字或是技术发展本身。无论是人工智能的奠基人艾伦·纽厄尔(Allen Newell)、赫伯特·亚历山大·西蒙(Herbert

Alexander Simon)及尼尔斯·约翰·尼尔森(Nils John Nilsson),还是中坚力量约翰·安德森(John Anderson)、杰夫·霍金斯(Jeff Hawkins)、什查·巴赫(Joscha Bach),再到业界翘楚杰弗里·辛顿(Geoffrey Hinton)、加里·马库斯(Gary Marcus),这些从事人工智能研究的精英要不自身就是心理学家,要不就是具有长期心理学的研究背景。

在大数据基础之上,深度学习和强化学习技术引领着当今人工智能发展的热潮。诸如认知、短期记忆、长期记忆、情节缓冲、视觉空间等心理学术语的使用,在人工智能发展中早已蔚然成风,这些成果的取得既受到认知神经科学的启发,有些又与心理学中的行为主义心理学不可分割。认知主义也好,行为主义也罢,这些都是心理学的不同流派,由不同心理学流派衍生出来的用计算机来模拟的人工智能有着非凡的实践意义。毕竟人工智能的发展目标就是研发愈加接近人类的高级智能系统,而真正的智能也必然具有一定的心理活动。

如今,"投身"于商业领域的人工智能会极大地改变企业对市场、客户行为的分析和经营策略。建立在现有研究的基础上,诸多商业实践者的参与使得人工智能研究与商业实践进行了广泛的互动,从而形成一个个多维框架,来帮助人们理解人工智能对未来商业领域的影响。

2. 心理学对人工智能的贡献

(1) 心理学是人工智能的理论基础之一

人工智能的处理方法分为5种,应用较广泛的是符号主义(也叫逻辑主义)和联结主义(如人工神经网络),此外,还有进化编程、细胞自动机以及动力系统。

符号主义者在1956年首先采用了"人工智能"这个术语,后来又发展了启发式算法、专家系统、知识工程等理论与技术。符号主义来自逻辑推理心智研究,原属于心理学的范畴,经典逻辑人工智能(特别是与统计学结合时)可以模拟学习、规划和推理。

符号主义曾长期一枝独秀,为人工智能的发展作出了重要贡献,尤其是专家系统的成功开发与应用,对人工智能走向工程应用、实现理论联系实际具有特别重要的意义。人工智能其他学派出现之后,符号主义仍然是人工智能的主流派别。

人工神经网络也是与心理学相关的,可模拟大脑的内部结构,进行模式识别和学习。

进化编程阐明了生物进化和大脑发育,细胞自动机和动力系统可用来模拟生物体的发育,这其中应用了生理学的方法,也应用了行为主义心理学的方法。

综上,心理学及其衍生的心智哲学等可以被认为是人工智能的基础支撑理论之一。

(2) 机器学习等很多学习理论来源于心理学

人类水平的强人工智能还包括机器学习,该领域的研究始于心理学家进行的有关概念学习和强化方面的工作。机器学习分三种类型:监督式学习、非监督式学习和强化学习,这种划分源于心理学。

很多强化学习理论都直接来源于心理学。强化学习受奖励和惩罚所驱动,把信息(刚刚做的事情是好还是坏)反馈给系统。通常,强化学习不仅能用二进制表示,还可用数字表示,如视频游戏中的分数。

3. 人工智能在心理学中的贡献及应用

(1) 心理是人工智能的目标之一,神经网络对心理学大有帮助

20世纪40年代,艾伦·麦席森·图灵(Alan Mathison Turing)一直在思考如何让一台物理机最接近抽象定义的图灵机,以及如何让这台物理机智能地执行任务。图灵接受了人工智能的两个目标:技术和心理。他尝试让新机器完成那些通常需要智能才能完成的有意义的事情,并模拟以生理为基础的心智所发生的过程。图灵测试的论文成了人工智能的宣言,它抓住了智能信息(游戏、知觉、语言和学习)处理的症结。

图灵坚信人工智能一定能以某种方式实现。20世纪40年代初,他的这一信念得到了生理学家沃伦·麦卡洛克(Warren McCulloch)和数学家沃尔特·皮茨(Walter Pitts)的支持。他们的论文《神经活动中内在思想的逻辑演算》结合了图灵的观点与另外两项令人兴奋的成果——伯特兰·阿瑟·威廉·罗素(Bertrand Arthur William Russell)的命题逻辑和查尔斯·谢林顿(Charles Sherrington)的神经突触理论,简单来说,就是神经生理学、逻辑学、计算理论和心理学相结合。麦卡洛克和皮茨相信,自然语言在本质上归结为逻辑。所以,从科学论证到精神分裂症错觉的所有推理和观点都可以放到他们的理论"磨坊"里进行加工。麦卡洛克和皮茨预言:"(神经)网络的设计规格将对心理学领域取得的所有成果都有帮助。"

(2) 人工智能模拟认知

作为强人工智能先驱，艾伦·纽厄尔(Allen Newell)和约翰·安德森(John Anderson)于20世纪80年代初提出了SOAR系统。几十年过去了，SOAR系统仍在不断完善，而且应用到了很多地方，如医疗诊断、工厂调度等。

1962年，纽厄尔的同事西蒙研究了一只蚂蚁在崎岖地面上行走的之字形路径，他认为蚂蚁的每个动作都是蚂蚁对其当时感知的情境作出的直接反应。十年后，纽厄尔和西蒙所著的《人类问题求解》一书将人类的智力描述成和蚂蚁智力类似的东西。根据他们的心理学理论可知，知觉和微观运动行为由存储在记忆中的规则或在问题解决期间新建的规则来支配。他们认为，被视为行为系统的人类很简单，但是突然出现的行为复杂性十分重要。他们认为，算式谜是所有智能行为计算架构的典范，所以该心理学方法适合通用人工智能。

1980年，纽厄尔、约翰·莱尔德(John Laird)和保罗·罗森布鲁姆(Paul Rosenbloom)开发了SOAR系统。总的来说，它是一个认知模型，它的推理整合了知觉、注意力、记忆、联想、推理、类比和学习，像蚂蚁一样的(情境)反应结合了内在的深思熟虑。事实上，深思熟虑往往带来反射性反应，因为以前使用过的子目标序列可以通过"分块"拼成一个规则。

(3) 人工智能初步模拟情感

人工智能系统已经能够用多种方式识别人类的情感，有些是生理的，如监测人的呼吸频率和皮肤电反应；有些是口头的，如注意人说话的速度、语调和用词；有些是视觉的，如分析人类面部表情。

计算机伴侣的情感表现通常体现在口头上，它基于词汇以及语调(如果系统能生成语音的话)。系统不仅密切注意用户常用的关键词，还以极其刻板的方式作出回应。它可能偶尔会引用用户说过的内容，如人类发表的相关言论或创作的诗歌等。

有些人工智能伴侣可以利用自己的面部表情，也可以用眼睛凝视，以看似富有情感的方式回应用户。有些机器人有弹性"皮肤"，它可覆盖在人类面部肌肉模拟物的上面，其外形可以向人类观察者显示多达十二种基本情感。

1.2.2 "AI＋心理学"——金融行业发展的新引擎

进入21世纪，AI以势不可挡之势占据了我们的视野，让我们不时地接受着各种冲击。在不断变革、不断创新的金融领域，AI更是发挥着重要的作用，如金融资讯、金融安全、投资分析、监管合规等方面，都发生了翻天覆地的变化。AI如何不再只是噱头，如何才能更深地影响金融行业的发展、给金融行业带来新的动力，也是目前金融行业从业者非常关注的问题。

1. 金融行业的信息化发展为人工智能应用奠定了基础

谈到AI的商业智能化应用领域时，大家一定会提到金融行业。金融行业数据量大且信息高度结构化，这为AI的应用提供了先天的运行条件，所以AI在金融行业的应用实践很早便启动了。所谓的数据结构化，就是数据已分类、已贴上标签以及可搜索，可以贴标签的数据自带特征及含义，找到合适的分类方法对这些数据进行标志，可以更有效地利用这些数据。目前来看，在金融行业中，AI应用的数据主要包括用户数据、业务数据、产品数据及市场数据，这些数据大多来源于金融行业多年来的信息系统积累。在AI深度学习发展的背景下，金融行业的信息化发展为AI提供了充分的学习资源，为AI在金融行业的应用提供了坚实的基础。

如前文所述，在商业智能化阶段，AI在金融的诸多领域中都得到了很好的应用，从替代简单重复性脑力劳动（如大量手动交易到自动化交易），到信息收集和初步分析（如数据统计、智能客服），再到各种投资预判及决策（如智能投顾），AI都有不俗的表现。

2. "AI＋心理学"加速金融行业的AI从弱人工智能走向强人工智能

目前金融行业的AI还停留在弱人工智能阶段，如何在金融领域中走出一条强人工智能的路，需要找到合适的路径和工具。综合目前金融行业的应用场景，引入心理学是加速AI走向强人工智能（类人智能）的有力工具。

纵观金融行业的结构化数据，会发现这些数据基本都属于客观的物理性数据，这些数据记录的都是客户静态的数据，即使有一些行为数据，也都是客户既往行为的痕迹。金融行业的客户是活生生的、动态的人，如果可以将客户个体实时动态的心理数据与 AI 结合并应用于金融行业，必将推动金融行业的 AI 从弱人工智能走向强人工智能，进而促进金融行业的发展创新。

为什么说"AI＋心理学"将推动金融行业从弱人工智能走向强人工智能呢？目前 AI 的应用数据基础主要是已有的结构化的数据，我们可以利用心理学的知识及分类，更多维度地采集客户实时的"人"的属性的数据；我们可以利用心理学的方式对数据进行分类、贴标签，形成机器学习的素材，让机器更好地成长，具备理解人的情感及思维的能力，进而完成弱人工智能到强人工智能的演化。从理论上也很容易理解这个问题，毕竟 AI 是模拟人的，用心理学的方法提前对客户数据进行收集、梳理，再让机器学习，那么，很有可能在某种程度上促进人工智能的发展，让 AI 更快成长并为人类服务。

现在关于强人工智能方面的研究应用并不是很多，主要是基于语音的语义识别及情绪的简单分类识别，所以这方面的发展空间还是巨大的。

3."AI＋心理学"在金融行业率先应用的场景

"AI＋心理学"可以快速推动人工智能的发展，找到合适的场景也是 AI 与心理学融合的必要条件。那么金融行业中什么样的场景适合 AI 与心理学的融合呢？

首先，该场景中存在大量的客户，客户的实时反应对金融业的业绩有极大的影响；其次，AI 应用的条件是具备的，即在该场景中已积累了大量的结构化数据，这些数据构成了 AI 应用的前置条件；最后，在该场景中有适当的心理学方法可以实时地抓取客户特征，并根据客户的特征给客户做出适当的标签，实时指导金融从业人员的工作，同时不断积累新的标签数据供机器学习。

根据以上条件，我们发现了几个适合推广"AI＋心理学"的场景：金融客服、金融产品销售（如理财产品销售、保险营销、智能投顾等）、贷后管理（如信用卡逾期催收）。"AI＋心理学"应用下的智能催收如图 1.5 所示。

在这些应用场景中，系统通过借用心理学的知识及分类，综合 AI 对大数据的处理，对客户进行更多维度的画像。同时，系统还可以对内部服务人员进行画像，实现服务人员与客户的匹配，更好地提高金融行业的效率，促进"AI＋心理学"成为金融行业发展的新引擎。

在金融行业天然的数据属性及智能化需求的背景下，"AI＋心理学"呈现了盎然的生机，它将快速推动金融行业的发展。

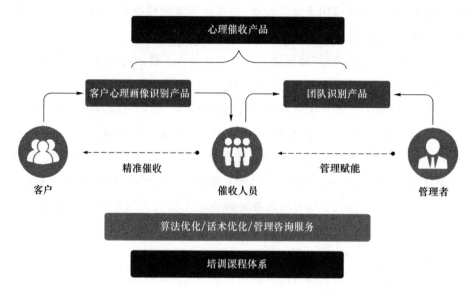

图 1.5 "AI+心理学"应用下的智能催收

1.2.3 人工智能与心理学的未来展望

人工智能理论的来源之一是心理学,两者始终交织在一起,将来,无论是在理论层面还是应用层面,两者都会有更深入的结合,这会给技术带来深刻的影响,继而影响人类的未来。

1. 认知将成为人工智能发展的方向,同时也是心理学研究的核心领域

(1) AI 发展阶段及第三代 AI 理论

人工智能的发展历经计算、感知、认知、意识四个阶段,如图 1.6 所示。

中国科学院院士、清华大学人工智能研究院院长张钹于 2018 年年底正式公开第三代 AI 的理论框架体系,其核心思想为:建立可解释的 AI 理论和方法;发展安全、可靠、可信及可扩展的 AI 技术;推动 AI 的创新应用。

目前,第三代 AI 的理念已在国内外具有广泛影响力。业内普遍认为,认知智能将是进一步释放人工智能产能的关键,而认知图谱是实现认知智能技术突破的关键,它不仅可以让机器理解数据本质,还可以让机器解释现象本质。

认知是心理学研究的核心领域之一,是 20 世纪 50 年代中期在西方兴起的一种心理学思潮和研究方向。从广义上看,认知是指研究人类的高级心理过程,主要是认识过程,如注意、知觉、表象、记忆、创造性和思维等。

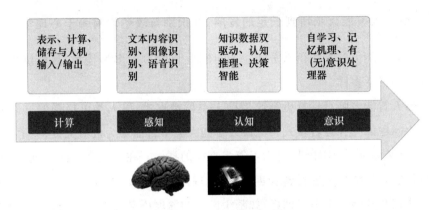

图1.6 人工智能的发展阶段

(2) 认知图谱

若想让机器认知智能,其核心就是让机器具备理解和解释的能力,这种能力的实现与大规模、结构化的背景知识是密不可分的。

尽管目前的智能系统在感知方面已经达到甚至超越了人类水平,但在可解释性、可靠性、可扩展性等方面还存在很多不足。比如:模型可解释性差;对于可靠性要求高的任务很难胜任;缺乏积累知识的能力,不能和人类已有的知识体系进行很好的关联。感知智能与认知智能的差异点如表1.1所示。

表1.1 感知智能与认知智能的差异点

差异点	感知智能	认知智能
主体	以人控为主,人支配机器的行为	强调认知、理解
能力	接受训练、培养的能力	自我学习能力、推理能力、分析能力、决策能力
与外界关系	没有互相的反馈,根据人的控制工作	与人、环境之间有互动,增加人类智慧
衡量标准	有图灵测试之类的标准	无统一标准

认知图谱旨在运用认知心理学和脑科学的理论,开发融合知识图谱、认知推理、逻辑表达的新一代认知引擎,支撑大规模知识的表示、获取、推理与计算的基础理论和方法,实现人工智能从感知智能向认知智能的演进。

认知图谱在智慧城市、智能金融、智慧司法等方面具有极为重要的作用。

认知心理学领域的知识积累是认知图谱的重要内容,这将对人工智能产生巨大的推动作用。

2. 机器人智能大脑得到长足的发展,其识别与表达均有赖于心理学

机器人智能大脑采用语义分析、知识图谱、自学习等多种技术,其模块化平台使配置更为灵活多样。

机器人智能大脑是计算机系统借助人类思维方式,以人类可接受的方式协助人类解决问题的一种运行模式。机器人智能大脑平台能够为机器人提供"思维"核心,实现语义分析、知识图谱、自学习等多方面的技术。在单点突破的基础上,业内企业将机器人思维技术进行整合创新,形成模块化平台,为机器人提供智能大脑。业内企业在此基础上进一步创新,如基于向量的深度语义分析、非结构化知识图谱构建等。当前,智能大脑已实现知识图谱技术和语义分析技术的交叉复用。

无屏化交互作为机器人智能大脑的核心,融合了智能传感、工业设计和心理分析,整体改变了软硬件的设计理念和配置方式。目前,因技术所限,无屏化交互仍以语音交互、语义分析应用为主流,但声音强度、口音、环境嘈杂度等对语音交互效果影响很大,降低了用户体验并阻碍了产品的普及。无屏化交互将成为机器人智能大脑的核心,各类传感器能够实时捕获用户的位置信息、表情信息和其他信息。因此,不仅用户的语音将被识别并分析,用户的肢体动作、面部表情也将被识别并分析。通过持续迭代地自我学习,机器人或整个人工智能系统能即时反馈,如机器人为用户所做的具体动作、语音,再如连接家居、汽车等系统时所做的反应。

上述语音、动作、面部表情的分析,都有赖于心理学的成果,心理学工作者将上述信息进行分析、标注,能加快系统的自我学习,使得系统更快地具备"智能"。而系统的表达也有赖于心理学,它能让系统的表达更接近"人",更能为他人接受。上述知识图谱的构建同样依赖于心理学的成果积累。

3. 应用场景众多的情感机器人将迅速发展,而它的发展更有赖于心理学

情感机器人的多模态情感计算发展迅速,融合文字、语音、图像的全方位感知能力不断增强。多模态情感计算通过情感信息获取、识别和表达,识别人的表情、动作、语义和语调,从而真正理解交流者的情绪、意图及所处情境。多模态情感计算使情感机器人既能谈心,又能提供知识和服务,在情感交流、情感陪护、知识传播方面均可发挥作用。其中,在自然语言处理方面,系统已将每个用户拆分为数十个维度,文字情绪识别超20种,语音与动态表情的情绪识别有近10种,语音情感识别的中文语音情绪识别准确率超80%。图像识别基于深度学习算法进行开发,以海量高清的图片数据为训练材料。在图像理解方面,利用深度学习识别人脸情绪的变化,我们可以对视频的人脸表情进行实时识别。

跨平台、开放式、定制化的情感机器人的 API 应用延展性极强,且情感反馈信息在优化推荐、广告定制、智能决策等易变现领域的提升效果显著。情感机器人能够嵌入操作系统、公众号、App、物联网等多元化使用载体。情感计算作为通用的人工智能引擎,适用于一切与人进行互动交流的场景,而且非常利于商业价值的实现。

上述自然语言处理包括文字情绪处理、语言与动态表情处理、语音情感的识别、图像识别以及视频理解,其能力的建立和发展都有赖于心理学知识,并能通过不断的学习进一步丰富心理学知识。心理学专家在起初的信息标注、分类中发挥了重要作用。

4. 人工智能在心理学领域的应用将呈爆发式增长

目前,人工智能在心理学不同领域的应用,从应用领域可分为个人心理学和社会心理学的应用,从应用程度分为较深应用、较浅应用和尚未应用,如图1.7所示。

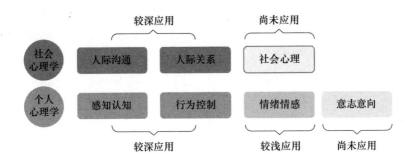

图 1.7 人工智能在心理学不同领域的应用

人工智能在心理学领域的应用将呈爆发式增长,其原因如下。

(1)语音识别、图像识别技术的进步。语音识别领域的厂商(如百度、科大讯飞、苹果、亚马逊等)已经取得了长足的进步,图像识别领域取得进步的厂商更多,如百度、阿里、腾讯等。

（2）市场上的人工智能厂商找到了更多的、更适合的心理类应用场景,如营销、服务、教育、医疗等。

（3）5G通信技术的应用。人工智能在5G时代下,可以提供更快的响应速度、更丰富的内容、更智能的应用模式以及更直观的用户体验。可以说,5G不仅提升了网速,更将补齐制约人工智能发展的部分短板,成为驱动人工智能的新动力。

5. 人工智能的边界和安全

国际电信联盟提出,在利用人工智能惠及人类时,需确保人工智能既安全又对全人类有益。人工智能可以大大加快联合国制定的2030可持续发展目标（SDG）的进程,但是在人工智能的发展过程中,关于不断被提及的隐私、偏见以及与社会公序良俗的讨论,也将在不久的将来成为各个国家的重要政策问题。

人工智能与心理学的和谐发展是每一位研究者追求的境界。毕竟,只有在和谐与冲突的夹缝中,新的契机才会逐渐成形,新的方法才会由此产生,新的思想才会源源不绝。

第 2 章　AI 心理引擎的理论模型及应用

2.1　基础理论模型

2.1.1　PEDA 模型

客户心理过程的转变往往是业务开展的关键点,在营销服务过程中,只有准确把握客户的心理偏好,有的放矢地将客户的购买欲望转变为客户购买的实际行为,才能实现销售目标。如在金融催收领域里,可以通过寻找客户的痛点,打开逾期客户的心扉,促进催收人员与客户间的关系从对抗、不对抗到合作的转变,最终实现客户还款。如在健康管理服务领域中,可以通过满足客户的个性化需求,变被动疾病治疗为主动健康管理,扎实做好慢病管理的工作。

因此,识别客户心理需求,与客户建立关系,转变客户意愿,促使客户付诸行动,这四个过程环环相扣、相辅相成,共同构成了一个完整的系统。

1. PEDA 模型概述

PEDA 是"知(Perception)、情(Emotion)、意(Determination)、行(Action)"的简称。PEDA 模型来源于心理学中的"知情意行"观点和国际推销专家海英兹·姆·戈得曼(Heinz M Goldmann)总结的推销模式"爱达"公式。

"知行"关系是哲学理论的重要内容,众多教育家和思想家对其进行阐述,由此提出过类似"知行合一"的理念和观点。"知情意行"提出了"晓之以理、动之以情、导之以行、持之以恒"的十六字原则。从心理学角度来看,从"知"到"行"的过程中,需要把握"情"和"意"两个重要心理环节。其中,"知"是奠基石,在实践中提供知识指南;"情"是催化剂,在实践中激发动机需求;"意"是推进器,在实践中保障自主自律;"行"是最终的落脚点,在实践中做到知行合一。

"爱达"公式具体指的是消费者在消费过程中,一般会经历注意(Attention)、兴趣(Interest)、欲望(Desire)、行动(Action)四个过程。目前"爱达"公式广泛应用在广告领域,研究表明,"爱达"公式能帮助企业把握消费者心理,有效促进企业营销策略的实施。

根据上述心理学和市场营销学的观点,按照"知、情、意、行"和"注意、兴趣、欲望、行动"的逻辑,我们提出了PEDA模型,知(洞察客户)、情(建立关系)、意(转换意愿)和行(督促行动)四个方面构成一个渐进且统一的系统,如图2.1所示。

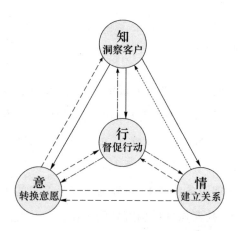

图2.1 "知、情、意、行"渐进且统一的系统

知——洞察客户,指对个体价值观的判断,基于价值观对某种行为有合理性、必要性的认识。具体来说,就是对客户的了解,包括对客户社会阶层、家庭角色和沟通风格的识别。

情——建立关系,指个体在认知输入信息的基础上所产生的满意、不满意、喜爱、厌恶、憎恨等主观体验。具体来说,就是通过与客户建立信任关系,为双方的有效沟通打下坚实的基础。

意——转换意愿,指的是个体设定目标、进行决策和行动的内部驱动力。具体来说，就是挖掘客户底层的心理动机，激发客户内部行为动力，从而促成客户的意愿转换。转换意愿是整个 PEDA 模型中最为关键的一环。如何让客户从消极被动转变为积极主动、从对抗转变为合作，从消费欲望转变为消费行动，才是 PEDA 模型的应用价值所在。

行——督促行动，指的是在个体主观意愿驱动下的自觉行动。具体来说，就是通过督促等手段，促成客户实际行为的发生。现实中，我们即使完成了对客户的有效识别，并和他们建立了良好的关系，同时也转换了他们的意愿，最后也会出现没有落单的情况，这对企业来说十分可惜。因此，企业必须采取有效的措施，鼓励客户付诸行动，从而达成企业的目标。

客户的主观心理过程和业务员的心理促进过程如图 2.2 所示。

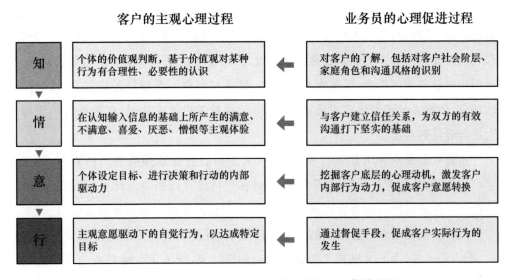

图 2.2　客户的主观心理过程和业务员的心理促进过程

以"知"为基石，可以识别客户，为客户提供差异化、个性化和有针对性的业务策略；以"情"为过渡，可以建立良好的信任关系，打开客户的心扉，并施加影响；以"意"为推动，可以转换客户意愿，促进客户的下一步行动；以"行"为归宿，付诸行动，可以触发客户的行动与实践。

反之，若"知"不足，则会对客户认识不足；若"情"缺失，则会与客户关系脆弱；若"意"薄弱，则会弱化客户的意愿转换；若"行"不动，则达成目标只会是纸上谈兵。因此，"明知""创情""转意""践行"按照一定的流程逻辑，相互影响、相互联系，形成一个有机的整体。

2. 基于 PEDA 模型的应用案例——以金融催收行业为例

传统的银行欠款催收，以强硬的法律催收和持续施压为主，效果不佳。原有的话术缺乏对客户信息的挖掘和共情，容易与客户产生争执，最后导致客户失联或引发客户投诉。

以某股份制银行信用卡催收业务为例，基于 PEDA 模型对其催收流程重新进行梳理。

在"知"的环节，催收人员需要洞察客户，在拨打催收电话前，对客户背景进行了解与判断，为拨打电话做准备；在"情"的环节，催收人员需要与客户建立关系，在通话中了解客户的欠款原因，对客户的情绪进行回应，并初步判断客户的沟通风格；在"意"的环节，催收人员需要重点转变客户的还款意愿，这是最为关键的一环，催收人员要判断客户的还款意愿和还款能力，挖掘客户痛点以及潜在的筹款渠道，运用沟通技巧阐述后果，引起客户的重视，最后与客户一起制订还款方案；在"行"的环节，催收人员需要提出明确的还款要求，并和客户达成共识，在还款日当天再次进行确认和落实。

在催收业务中应用 PEDA 模型，催收人员可以更好地倾听客户的心声，体谅客户的情绪，处理客户抵触的情绪，适当对客户情绪进行控制。此外，催收人员以适合客户沟通风格的沟通方式进行沟通，极大地提升了沟通效率和沟通效果。

PEDA 模型结合日益发展的人工智能技术，将会改变许多原有金融业务的理念、模式和方法，这大大提升了沟通效率和沟通效果，促进了金融行业的升级换代和金融业务的迅猛发展。

2.1.2　PEDA 模型的理论延伸

PEDA 模型自 2014 年应用于银行信用卡逾期客户的识别，历经了线下培训辅导、线上系统对接两个阶段，在催收领域发挥了积极的作用。

这里收集了不同客户对此模型的评价。

当年提出在客户分类中加入心理维度的需求时，没想到业务提升效果会这么明显，差异化的沟通策略、针对性的语言触达有效转换了客户的意愿。更没想到的是：在实施过程中，员工的满意度有了极大提升，员工对客户的行为意图有了更深刻的理解后，能更自信地使用差异化的沟通策略，继而快速提升业绩。我有幸参与了项目的整个过程，见证了业务效率、员工绩效、员工满意度的快速提升。我相信这套方法论可以应用于销售、催收等场景，而且一定会引领行业和人员的全面升级。

——拉卡拉金融副总裁，原广发银行信用卡中心资产管理部副总经理郭菲

之前，心理学在企业的运用比较多在人力资源的测评维度，但当项目目标提出将心理学运用于业务实践的时候，我们是心存疑虑的，它能帮助我们解决业务上的痛点吗？能带来多大的业务结果？

然而实际的结果让我们惊喜，结合业务场景中的客户情况，该项目提供给我们不同的客户分类维度，并提供各维度客户的解决方案。就员工而言，他们更加清晰自己与客户沟通的侧重点，更有效地达成预期目标。就管理者而言，他们能更好地辅导指引员工，对团队业务而言，业绩也能更好地完成。

所以，这种运用不仅提升了业绩结果，还提升了员工的收入，这是业绩团队最好的实践结果。

这次项目合作也打开了我们对心理学在业务实践中应用的视角，它可以应用在更多的业务模式上，它将是提升整体组织能力的一个催化剂，会带来更多让大家欣喜的结果。

——广发银行信用卡中心人力资源部主管咏石

我个人对心理学有兴趣，一直以来认为深入洞察客户心理是处理业务的前提。这次训练营为我们团队带来了结构化的客户识别工具，针对性地挖掘痛点，对我们团队能力提升帮助很大。

——华润银行个贷运营部总经理李琼

我曾是广发银行信用卡心理催收大师班的学员，也是第一批认证的内训师。这套方法论不仅颠覆了电话催收的理念、模式，提供了行之有效的方法和工具，更是助益了团队的绩效提升，它也一路助益了我个人的职业发展。心理催收，使催收变得更加简单。

——中邮消费金融高级主管官云英

客户的心理转换过程，是从对抗、不对抗到配合的过程，这种转换的前提是要精准地对客户进行识别，其中心理维度的识别是客户心理画像的基础。

我们发现，与客户的关系没有处理好，业务就难以顺利进行，于是 RID 模型应运而生。下一小节将会重点介绍 RID 模型。

"PEDA 模型＋RID 模型"在欠款催收、保险销售、客户投诉处理、流失客户挽留等方面进行了成功应用。我们期待该模型能够应用于更多的业务场景，从而重塑金融和保险行业。

2.1.3　RID 模型

在营销领域中，"2、3、5、10、80"是一串很有意思的数字。美国专业营销人员协会和国家销售执行协会的统计报告指出，约 2％的销售在第 1 次接洽后完成，约 3％的销售在第 1 次跟踪后完成，约 5％的销售在第 2 次跟踪后完成，约 10％的销售在第 3 次跟踪后完成，约 80％的销售需要在第 4～11 次跟踪后完成。

综上，仅 20％左右的销售能在短时间内完成，而 80％左右的销售成交则需要多次甚至数十次的反复沟通。营销服务作为长周期的客户经营，需要营销人员读懂客户的"心"，这就需要借助心理学的工具。营销服务领域的客户画像，基于客户属性和行为信息，大多缺乏如情绪、动机、沟通风格等心理维度的画像，导致无法有效识"心"。

1. 发展客户关系，把握营销节奏

关系营销（Relationship Marketing）的核心是客户关系，其经营哲学是对不同的客户采取不同的营销方式。关系营销以建立良好互惠的合作信任关系作为经营基础，利用现有资源充分挖掘、开拓客户的社交圈，实现客户终身价值的持续获得。

传统的营销讲究知、意、行的流程，这一流程中，"情"（建立与提升关系）往往被忽略或被低估。"知、情、意、行"作为心理学视角下的完整营销流程，"情"是尤为关键的一环。销售非常讲究节奏的把握，关系不足的情况下冒进的营销动作，容易使客户产生抵触和反感心理，关系足够但营销动作滞后又会降低销售效率。因此，做好客户关系可视化，并将其用于指导营销动作具有重要的现实意义。

关系可视化可通过量化客户社会阶层，如职业、年收入、学历等，采集见面次数、互动频率、约见难易以及客户对营销人员的专业认可度等指标，综合测算出营销服务人员与客户的关系，从低到高可分为反感、陌生、好感、喜欢、信任和信赖等六类。结合心理学"知、情、意、行"理念,分解业务流程动作,指导营销服务人员,在当前的客户关系下开展适宜的营销动作,把握稳健的营销节奏,更有利于成交。客户关系可视化应用的逻辑思路如图2.3所示。

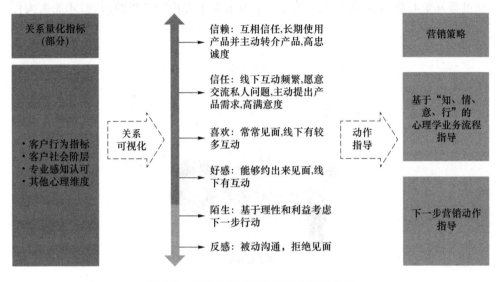

图2.3 客户关系可视化应用的逻辑思路

2. 识别客户心理偏好,有效影响客户

在充满变数的销售过程中,销售能否成交会受到客户的社会阶层、情绪表现、沟通风格、专业感知度等心理因素的影响。如何有效打动与说服客户,把客户从不感兴趣转变为感兴趣、从被动反感转变为主动配合,识别客户的心理偏好,是形成有效策略的关键。

以沟通风格为例,沟通作为客户全周期营销服务中必不可少的关键要素,始终贯穿在服务中,包括最开始的初步接触、中间的深入交往以及后面的持续服务。如何在短时间内拉近与客户的关系是营销中很关键的一步,在言语沟通上"投其所好"能更好地开展、推进业务;而无效沟通则容易引起客户反感。

比如,分析型沟通风格的客户的典型特征是做决定前需要深思熟虑,此时适宜采取的应对策略为:肯定客户的全面考虑、有意识地顾全客户的自尊心,让对方感受到我们的专业,并为对方提供一定的时间思考,同时需要关注细节、避免让客户立即表态或行动。

识别客户心理偏好,除了要考虑客户的沟通风格外,还要考虑客户的阶层文化、社会阶层差(服务方与客户之间社会阶层的差距)、情绪特征、决策模式、专业感知度等其他心理因素,如图 2.4 所示。只有解决了客户"心"里的问题,才能大大促进销售成交。

图 2.4　识别客户心理偏好的影响因素

3. 关注客户需求,量身匹配产品方案

如果只凭和客户关系好,产品无法真正达到客户的实际需求,出于人情,客户最多会一次性或少量消费,很难成为长期客户。如果对客户的实际需求挖掘足够精准,并匹配合适的产品方案,那么成功率有可能大大提高。同时客户会认为你所提供的产品能够解决他的实际问题,从而更容易将其发展为长期的忠诚客户。

对于零售客户来说,识别客户需求是一个复杂的过程,不同社会阶层的客群在产品的核心需求上是不同的,存在较大的差异。以保险业务的需求为例,中下层和下层客户更关注生存保障,那么重疾险、意外保障险、失业险是他们的核心需求产品;对于上层客户来说,他们更关注财富传承,因此财富保全、财富传承、风险转移和高端医疗服务是这类客群的核心需求。

客户需求的识别除了受社会阶层因素影响外,还受客户的产品认知与偏好和兴趣的影响,需要根据客户的实际情况来量身匹配产品方案。如果忽略这些因素,就可能造成推荐的产品价值过高或过低,前者会导致客户支付能力不足,后者则无法满足客户需求,最终都会使得成交的可能性降低。

此外,营销人员可以通过与客户的日常沟通抓取客户的兴趣触点,根据兴趣触点来匹配产品方案更能打动客户。以保险场景为例,如果客户的话题大多围绕孩子,那么孩子教育则是客户的兴趣触点,便可以介绍教育类保险;如果"健康"是与客户的日常沟通话题,那么可以介绍重疾、意外类保险。

客户关系往往能决定业务推进的顺利程度,成功的营销离不开影响客户决策和满足客户需求这两个关键支撑要素。RID模型从关系、影响和需求层面帮助营销人员全面掌握客户心理,提升客户信任关系,正确把握客户痛点,从而开展营销动作,最终有效影响客户。RID模型能大大提高业务成交的可能性,帮助营销人员更好地实现客户的终身价值。

2.2 建立、维护长期客户关系

2.2.1 打破僵局——用心理画像快速破冰

著名的邓巴数理论,即150定律(Rule of 150),由英国牛津大学的人类学家罗宾·邓巴(Robin Dunbar)提出,该理论表明:每一个人身后,大致有150名亲朋好友,个人的社交人数上限一般为150人,精确交往、深入跟踪的人数为20人左右。放大来说,如果赢得了一个人的好感,就意味着有机会赢得150个人的好感,反之,如果得罪了一个人,也就意味着会得罪这个人背后的150个人。所以,在营销服务中建立人际关系网的影响力中心很重要,那么,我们该如何快速实现客户关系的破冰呢?

情感营销理论依据关系和信任程度,把所有的潜在客群划分为三种类型,分别是强关系人群、中关系人群和弱关系人群。强关系人群和我们有着很好的亲密和信任关系,他们甚至愿意主动帮我们介绍客户,这类人群往往是和我们关系极好的亲戚或朋友。中关系人群和我们具有一定的关系和信任基础,这类客户在成交过程中往往需要加一把"火"。在日常生活中,和我们产生弱关系的人占绝大多数,如刚拿到联系方式的人、加了微信却没联系过的人、在某个聚会上有过一面之缘的人等,这类客户需要我们做好客户关系的破冰与提升。

以保险客户关系为例,我们可以把信任程度作为判断关系强弱的指标,把关键行为作为判断关系强弱的参照。人际信任程度由弱到强依次为能够联系上、能够约出来见面、愿意一起吃饭、愿意让你走进生活圈子(如家庭和朋友圈子)、因人情购买你推荐的基础产品、主动询问并购买你推荐的产品、主动替你宣传并转介绍。通过参照关键行为,我们可以很好地判断与客户的关系等级。

对于营销服务人员来说,建立关系并不单单是"看眼缘""气场合"这么简单,而是要讲究方法策略。只有关系值达到一定程度,做后面的产品推荐才有意义和效果,不然只会增加客户的反感和抵触情绪。信任指标能够在业务中作为判断关系程度的参考。不同的关系程度要采取针对性的策略,我们不能一味地介绍产品,否则直接成交的可能性微乎其微。

很多营销服务人员都知道,只有了解客户,才能与客户建立关系。那么,怎样才算是真正地了解客户呢?从心理学角度看,学会心理画像是关键。下面我们通过入门级和高阶销售技能来分析如何才能发挥心理学在营销服务领域的应用价值。

1. 入门级销售技能

(1) 主动性

主动是建立关系的第一步。很多人往往会有这样的疑虑:如果对方不理我怎么办?聊着聊着没话说了怎么办?事实上,优秀的销售人员素质之一就是要学会暗示自己是社交场合中的"主人",只有掌握主动权,才会更容易影响他人。

快速"破冰"的关键就是让对方卸下心理防御,开放式提问是很好的互动形式。优秀的销售人员常常会选择性地寻找话题,通过开放式的提问来试探对方,如"你喜欢看哪种类型的电影"一定比"你喜欢看电影吗"更能让对方多开口,也更容易在对方的回答中进行话题的延续。

(2) 相似性

社会同质性理论认为,人们更倾向于与相似的人成为朋友,具有相同或相似特征的人之间更具吸引力。因此充分挖掘与对方的共同点能够更快地拉近距离,如"这么巧!我也喜欢打网球"便可以轻松引出共同的话题。

(3) 专业性

专业性往往是客户很关心的一个维度,尤其是在老客户转介绍的关系圈子中。如当保险的孤儿单客户有保险困惑或者需要出险指导时,专业建议往往能实现快速破冰,使关系快速升温。对于转介绍的客户来说,对销售人员专业认可的程度往往决定了两人在初始阶段关系值的高低。因此,对于销售人员来说,要抓住一切机会向客户提供自己的专业服务。

2. 高阶销售技能

在面对客户时,我们常常有以下疑问:跟客户的对话节奏应该是快一点还是慢一点?合适的音量是多大?什么时候可以打断客户?回答对方问题之前,是否停顿一下再表达会更好?用什么样的话题能够引起对方的兴趣?为了有效解决以上这些疑问,下面介绍两个心理画像的工具。

(1) 沟通风格的画像工具

我们常常会有这种感觉,跟一个客户聊天很舒服,而跟另一个客户则沟通不畅。事实上,这其中主要的原因是我们每个人都有自己的沟通风格,如果恰巧客户的沟通风格跟你本身是相互匹配的,那么自然就能达到很契合的效果,这就是所谓的气场相投。有时候同一种风格能互相吸引,例如,业务人员和客户都是控制型的,他们互相欣赏对方的豪爽干脆,两个人能很快产生共鸣,但也容易在相处过程中因为观点不合而分道扬镳。

事实上,并不是每一个潜在客户都能和你气场相投,这就需要我们提升自身技能,如此方能不断扩大我们的客户群体。怎样才能让客户与你对话时感到舒服呢?识别客户的沟通风格是关键。如和控制型的客户打交道时,要让客户充分表达自己的观点,让客户做决定;如和分析型的客户打交道时,因为分析型的客户习惯思考,需要一定时间加工和分析观点,所以跟他对话需要把节奏放慢一点。

每一种沟通风格在说话节奏、音量、表达偏好等方面都具有不同的特征。无论对方是哪一种沟通风格,只要清楚地了解对方沟通风格的类型,掌握不同沟通风格的相处方式和应对策略,并运用相应的沟通技巧,就能实现因人而异的高效沟通,营造令对方舒服的沟通氛围,避免因为不懂与客户如何交流而出现一些尴尬的局面。

（2）社会阶层的画像工具

社会阶层是由具有相同或类似社会地位的社会成员组成的相对持久的群体，是一种普遍存在的社会现象。同一社会集团成员之间在态度、行为、模式和价值观等方面具有相似性，而不同阶层成员则存在较大的差异性。

为什么要区分社会阶层呢？原因很简单，不同阶层的生活圈子和自身关注点都有极大差别，如上层宝妈们和中下层宝妈们的共同话题虽然都是小孩和家庭，但交流内容的差异也是较大的。

不同社会阶层的产品需求往往呈现巨大差异。以保险产品为例，对于社会上层的客群来说，他们的主要痛点在于财富保持、财富传承、风险转移、高端服务保障；对于中上层的客户来说，顶梁柱的意外保障、财富保持是他们所关注的；而对于下层的客户来说，他们大多关心基本的健康保障。就关系建立而言，只有对不同阶层的产品痛点了然于心，在沟通过程中有针对性地去聊这些痛点背后的"家常"，再找合适的时机切入，才能真正地打动客户，这样的关系建立才能真正带来价值。但需注意的是，一味地拉家常只会让客户关系停留在人际层面，从而导致业务层面铺垫不足。

人际关系的破冰需要用"心"，用"心"建立关系更能提升我们在客户心目中的瞬间印象和起始分量，沟通风格和社会阶层的画像工具能很好地帮助我们快速建立关系。此外，客户画像还包括其他心理维度和行为特征，如性格、情绪、行为等，画像维度越丰富，对客户心理层面的了解越多，更有利于接下来的关系推动。

当然，心理学工具在实际应用中因人而异，理解不到位或不真正掌握方法都容易造成偏差，效果也会大打折扣。人工智能系统工具能很好地解决这一弊端，根据自身的客户群体特征，企业可以对心理画像标准进行社会阶层分类和沟通风格识别，从而指导业务人员更有针对性地建立和维护客户关系，提高工作效率。

2.2.2 获取信任——信任是客户关系的基础

即使我们推销得再卖力，最终还是很有可能销售失败，这往往是因为我们没能赢得客户信任。试想一下，如果客户还没有信任我们，又怎么会为我们的产品买单呢？

下面我们从自身因素和服务要求两个方面来介绍赢得客户信任的方法。

1. 赢得客户信任的自身因素

（1）行为正直

正直是东西方文明自律法产生以来最重要的、共同的价值指引，是所有美德的基石。

在日常的工作、生活中，我们只有展示出一个正直的形象，才能建立良好的口碑，赢得客户的信任。试想一下，在与人相处的过程中，我们是愿意与金庸笔下的郭靖成为知己，还是和背信弃义的杨康成为朋友呢？答案显然是郭靖。

由此可见，行为正直是赢得客户信任的必要条件。作为一名营销服务人员，我们要在工作和生活中做到行事正派。若满足这一条件，或许都不需要我们主动出击，也能吸引客户。

（2）富有同理心

我们要注意的是，同理心与同情心有很大差异，同理心的关键点在于共情。具备共情能力的人，往往可以设身处地地理解他人的观点、经历和行为方式。

每个人都渴望被关注和被理解。具备共情能力的人，更能发现他人的闪光点，理解他人的行为方式和行为原因，从而赢得更多的朋友，获得更多的信任。

例如，在催收的场景下，我们需要理解逾期客户的实际欠款原因，更要表示我们对逾期客户的理解，从而获得对方的信任，提升客户的还款意愿。如果我们只是一味地关注逾期客户的欠款事实，而不去理解其欠款原因，这只会激发逾期客户的逃避与抵抗情绪，对欠款催收没有任何帮助。

（3）具有专业性

专业性体现的是我们在某一领域中具备的资源和价值。无论是在保险销售场景，还是在欠款催收场景，我们都要利用专业性帮助客户解决实际问题。

保险代理人需要帮助客户设计针对性的产品方案，催收人员需要向逾期客户提出还款方案建议。要做好这些工作，就离不开我们的专业性。我们的专业性可以增加客户的信心，让客户感觉我们是可靠的，从而更加信任我们。

专业性的体现方式不仅在于我们对专业知识的了解和实际帮助客户解决问题的能力，还体现在我们的沟通方式和沟通内容上。具备良好的形象也是我们体现专业性的手段之一，只有证明了我们在所处领域中的"多资源"和"高价值"，才能赢得客户的信任。

（4）价值观一致

社会同质性理论认为，具有相同或相似特征的人之间具有更大的吸引力。相似点的产生可能来源于生理的、社会的或是人格特征上的相似性。

从客户角度出发，"与我相似"更能解释这一观点，我们会更信任与我们更相似的人。其中，价值观一致是一种更深层次的相似体现。

价值观一致会带来更大程度的信任。例如，我们与客户在一次会面中佩戴了同一款领带，这时不应该只是简简单单地说一句"李总好巧，我们竟然喜欢上了同一条领带"，而应该更深入地了解对方喜欢这条领带的原因（颜色、花纹、品牌等）。

只有先了解客户，在价值观层面与客户一致，才能赢得更深层次的信任。即使在电销场景中，我们依然可以通过表达与客户一致的看法，赢得客户对我们的信任。

2. 赢得客户信任的服务要求

（1）服务友善

在服务过程中，我们需要表现出服务的友善性。当客户在服务中感受不到我们是在切身为其考虑，而是单纯地以营利为目的进行服务时，我们只会得到客户的对抗，而不能获得客户的信任。

以保险销售场景为例，虽然保险代理人在销售过程中表现出了极大的热情，但还是会被客户拒绝，这往往是因为客户感受不到我们的友善，只会觉得我们的热情是带有功利性的。

因此，作为一名营销服务人员，在与客户接触的过程中，首先想到的不应该只是单纯地销售产品，而更需要控制好销售节奏。在每次拜访的开端，我们应该从客户角度出发，询问客户的实际需求，尽量避免刚开口就营销，这能更有效地促使客户建立对我们的信任，从而促进后续的销售达成。

（2）让客户获益

从客户的实际需求出发，是服务过程中建立信任的一个关键要素，而更重要的是，服务的结果一定要为客户带来益处。营销的一大目标是让客户愿意为我们的产品买单，换而言之，就是让客户心甘情愿地接受我们的产品和服务。

若想让客户心甘情愿地付费，就需要让客户懂得我们的根本目的是让其获益。当客户从购买行为中获得了实际的益处，而不是单纯获得了简单的产品时，就能增加客户对我们的信任,从而产生多次购买或者转介绍行为。

在催收场景下,虽然我们让逾期客户缴纳欠款,表面上损失了客户的利益,但实际上催收人员需要抓住的重点是:通过欠款缴纳,逾期客户可以释放压力,不再承担逾期未还带来的信用、名誉损失。这对于客户来说,同样产生了有益的结果,通过获益这个角度的引导,我们可以赢得逾期客户的信任。

(3) 履行承诺

在营销服务的过程中,我们需做到言出必行。做出承诺可能会促进快速的销售成交,但通常不会因此与客户建立深层次的人际关系,客户依然对我们缺乏信任。

在这一过程中,增加信任的筹码是履行承诺,而不是简单地做出承诺。诚信不仅仅是对我们个人的素质要求,更是营销服务中必要的关键点。从一次次做出承诺到履行承诺的过程中,客户可以感受到我们的诚信品质,从而产生一种认知:我们说过的每一句话都会做到,答应的每一件事都会实现。这会增加客户对我们的信任,从而让渡给我们更多的资源,达到更高层次的信任水平。

(4) 提供针对性解决方案

营销的关键还在于帮助客户解决某一实际问题,一旦销售人员成功地与客户建立了简单联系,并且接触到客户之后,客户的兴趣就会转移到我们的解决方案上。

例如,在保险销售的过程中,如果我们能结合客户的需求推介产品,客户就会产生兴趣和购买意图,甚至对我们产生感激的情绪,因为我们的产品为客户带来了实际的保障。反之,如果我们不理会客户需求,只是简单地介绍自己的产品,是无法赢得客户信任的,因为客户会觉得我们只想达成交易,只关心客户钱包里的钱,只是一个唯利是图的保险代理人,而不是一个可以整合资源、帮助客户解决针对性问题的顾问。

(5) 持续善后

获得客户的购买承诺之后,客户可能当场成交,也有可能承诺后续的约谈时间。此时,我们要及时感谢客户,说一些让客户感到宽心和成就感的话,并及时安排好更重要的后续事项,实时跟进。这会让客户觉得我们是可靠的,从而加深客户对我们的信任。同样地,在销售任务完成后,我们也应该经常与客户保持联系,例如,在理赔的过程中,我们要投入精力,为客户排忧解难,这也是有效增加客户信任感的方式。

对于保险、银行等行业中的营销服务人员来说,建立与客户的良好关系是营销动作的重中之重,而信任是建立关系的必要条件。大量的研究表明,信任可以有效地提升客户的购买意愿,产生更多的重复购买。信任度也是电子商务企业实现利润尤为重要的影响因素。

若想要增加信任度,我们既需要在自身要素上下功夫,如提升专业度、了解客户价值观、行为正直以及富有同理心,又需要在营销服务过程中传达友善、让客户获益、履行承诺、提供解决方案以及持续善后。只有做到了以上这些,我们才能赢得客户对我们的信任,从而带来销售成功率的提升。

2.2.3 稳定交流——持续暖化客户

只有保持稳定交流,我们和客户的关系才能持续保鲜,这也是使客户变成"老铁"有效的方式。

奥尔特曼(I. Altman)和泰勒(D. A. Taylor)经过对人际关系的系统进行研究后认为,良好的客户关系一般需要经过客户定向、情感探索、情感交流和稳定交流四个阶段。在服务营销过程时,对客户进行定向归类,可以区分客户的社会阶层和购买能力;捕捉客户的情感情绪,可以了解客户的沟通风格与情绪状态;与客户进行有效的情感交流,可以投其所好;与客户稳定交流,可以持续暖化客户。

业务人员的现场服务或营销服务做得很好,但为什么依然会陷入"客户忠诚度低""销售变成一锤子买卖"等怪圈呢?既然客户对我们的营销服务很满意,为什么没有成为我们品牌的忠实粉丝呢?其中的主要原因在于,虽然很多企业做到了客户定向、情感探索和情感交流,但却习惯性地忽略了"稳定交流"这个阶段,也就是没有做好客户关系维护。

下面介绍一个稳定交流方面的示例。

李先生在A保险公司购买了一份重疾险,A保险公司员工非常热情地接待李先生,临走时还送了李先生一份小礼物,李先生本来挺开心,但因为后来没有再联系,李先生就慢慢忘记了A保险公司员工。过了两年,李先生资金宽裕,想买些理财型的保险产品,通过朋友介绍认识了B保险公司员工,B保险公司员工了解李先生的家庭成员及收支情况后,为他量身定制了保险理财计划。签约后,B保险公司员工经常给李先生分享理财知识,保持见面或线上互动,每逢儿童节、生日或特殊日子,他都暖心问候。有一次,李先生的小孩在学校意外摔倒,B保险公司员工马上赶去看望孩子,李先生非常感动,后来把身边需要买保险的朋友都推荐给了B保险公司员工。

示例中,A保险公司员工没有做好关系维护,所以李先生对A保险公司而言就是"一次性客户"。B保险公司员工通过与客户稳定交流,有效地维系了客户关系,并把客户发展成了忠实粉丝,从而获得了很多意料之外的转介绍,实现了更多保单业务的收入,此类维护客户关系的方式值得借鉴。

数据显示,有效维护客户关系的销售团队的销售额可增加约51%,顾客满意度可增加约20%,销售和服务的成本可降低约21%。与此同时,销售周期可缩短约33%,利润随之可提升约20%。稳定的客户关系有助于提升销售产能、客户忠诚度,获得更多资源。

日常工作中,如何高效维护客户关系呢?保持稳定交流,就是让客户变"老铁"的快捷键。下面主要介绍3种实战方法,但不限于以下3种。

(1) 增加价值投入,创造惊喜

客户满意度由客户的感知服务和期望服务两个因素组成。当感知服务好于期望服务时,客户会感到满意。例如,当保险客户签约时,为客户讲解保单条款、赠送客户小礼物等是客户期望的服务。但若得知客户正在为小孩找家教老师忙得团团转,而我们在做好本职服务之余,还能为客户推荐一位权威且资深的家教老师,这就属于意料之外的增值服务。为客户创造惊喜,有利于与客户形成稳定交流的关系。

(2) 展示专业能力,更新信息

关系值在时间维度和空间维度上都是常变量,有效的客户关系维护还应不断创造自我展示的机会。我们可以利用解决方案演示、技术交流、客户参观等形式,向客户展示产品价值。上述示例中,A保险公司员工与客户的关系值因为没有稳定交流而不断下滑。B保险公司员工因为用心维护关系,找准契机向客户传达新动态,让客户清楚了企业近况、服务范畴及业务能力,从而提升了双方的关系值,增加了客户的信任感。

(3) 建立长期合作关系,多方共赢

邓巴数字定律表明,人类精确交往深入跟踪的人数为20人左右,既然有客户需要我们的产品或服务,那么,他身边深入交往的20个人也可能会有类似的需求。人们总是更加信任自己身边亲近的朋友,所以让老客户帮忙转介绍,往往能事半功倍。把潜在客户发展成正式客户很难一蹴而就,有一位中间人帮忙推动,成功概率会更高。

简而言之,维护客户关系是人际交往中不可或缺的一环,也是激烈竞争中的制胜之道。保持稳定交流,与客户保持长期合作关系,把客户发展成"老铁",KPI指标将不再是难题。

2.3 影响客户决策的方式

2.3.1 利用沟通风格影响客户决策——以保险电话销售场景为例

在电话销售中,你可能会产生这样的困惑:同样的一套话术,为什么有些客户听到后会快速成交,而有些客户听到后却消极敷衍呢?造成这种差异的原因在于,不同客户做出决策的影响因素是不同的。

在电话销售场景中,我们缺少与客户见面的机会,只能通过语音沟通,所以识别客户的沟通风格是我们了解客户决策影响因素的途径之一。不同沟通风格的客户在做决策时的关注重点是不一样的,准确识别客户的沟通风格,分析其决策影响因素并"对症下药",能在很大程度上影响客户的决策结果。

我们将沟通风格分为五类:控制型、分析型、亲和型、表现型和灵活型。如图2.5所示。

下面我们逐一讲述如何影响这五类沟通风格的客户。

1. 注重效率、冷静顺从是影响控制型客户决策的关键因素

如果用一种动物来形容控制型沟通风格客户的话,那就是老虎,他们都一样喜欢控制、支配和下达命令,并且喜欢按照自己的规则做事。这类客户在决策时更加关注的是结果和目的,讲究效率。

因此,在面对控制型沟通风格的客户时,我们要直接讲明联系客户的首要目的,我们的产品和服务会给客户带来什么样的好处,我们能帮助客户解决什么问题。同时,我们不能跟这类客户兜圈子,在细节和过程上纠结。只要产品和服务对其有益,这类客户往往都会买单。

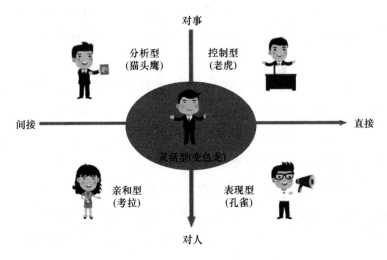

图 2.5 沟通风格的五种类型

另外,我们还需要让这类客户感到他自己可以掌握主动权,要承认和赞美客户的能力,避免质疑客户,更不能表现出对客户的同情和可怜。这类客户往往"吃软不吃硬",所以不要和他们起正面冲突。在体现专业性的同时,我们要尽量顺着这类客户说话,如此才能有效地影响他们做出成交决策。

下面是应对控制型客户的沟通示例。

客户:"你们总是给我打电话,烦不烦啊,到底有什么事情!"

座席:"我这边只想借用您两分钟的时间,简单介绍一下我们新推出的保险产品,它或许能给您带来更好的保障,希望您理解,您看可以吗?"

2. 关注细节、考虑周全是影响分析型客户决策的有效手段

分析型沟通风格的客户在决策时更加关注事情的细节和过程,这类客户就像猫头鹰一样,会经常发问,并且讲究条理、关注细节,他们不会为模棱两可的东西买单。

因此,在面对分析型沟通风格的客户时,我们要清晰地介绍产品。这类客户往

往都是"过程控",只有我们讲清楚产品的每一条有效信息,他们才会认可。

同时,当这类客户提出问题时,我们要有耐心,给予这类客户一定的时间去思考,一般不要求他们立即表态,避免客户因为短暂的沉默而感到尴尬。事实上,留出时间让这类客户思考更能引导他们做出成交行动。这类客户不思考清楚是不会掏腰包的,如果我们一味地施压,只会引起这类客户的反感,导致他们放弃这一次的购买。

还需要注意的是,这类客户不喜欢被别人挑剔,但往往对他人严格,因此我们需要对产品有详细的了解,在有把握精准回答客户相关问题的前提下,再与这类客户沟通。我们对细节的把握往往能让这类客户"打开腰包",起到事半功倍的效果。

下面是应对分析型客户的沟通示例。

客户:"我已经有两份保险了,没有购买新保险的必要,我再考虑一下吧。"

座席:"我帮您对比分析一下您现有保险和我们新保险的差异吧……当然,您也可以再考虑一下,如果我有什么没讲清楚的地方,您可以随时咨询我。"

3. 表示友善、提供建议是影响亲和型客户决策的制胜诀窍

亲和型沟通风格的客户就像考拉一样,给人一种平和、无害的感觉。这类客户在决策时容易接受他人的意见,会关注家人或身边朋友的看法。

在与亲和型沟通风格的客户接触时,我们首先要表现出自身的善意,真诚地为客户考虑,让其产生信赖。我们要强调购买保险能够给身边的人带来好处,增强家庭应对风险的能力。从身边人入手,影响其购买意愿,可以促成成交。

这类客户通常需要我们帮助他们拿主意、下决心,帮助他们想一些解决问题的方法。针对这种情况,我们可以提供给他们几种产品组合,同时告诉他们哪一种更符合他们现在的需求,这样往往能促成成交。还需要注意的是,这类客户有时会做出表面的迎合,这时我们要给予客户时限上的明确要求,督促他们采取行动。

下面是应对亲和型客户的沟通示例。

客户:"嗯,我还需要再想一下,问下家里人。"

座席:"这份保险的保障真的很实用,我真心建议您考虑一下,您为自己配置保险可以增强您的家庭应对风险的能力,有时候体谅和爱是靠行动表现的,也不一定要说出来嘛。"

4. 赞美恭维、激发共情是影响表现型客户决策的有力法宝

表现型沟通风格的客户就像孔雀一样，喜欢表现自己。他们乐于表达、不拘小节，喜欢被称赞，在决策时往往不会思考太多，全凭心情。如果我们想要引导这类客户成交，就需要学会调动他们的情绪，让他们开心或者激发他们的同理心。

若想要影响这类客户的决策，我们可以利用一段时间建立关系，在这期间赞美、恭维客户，对客户现在的情况表现出关切，让客户感觉到我们对他们的高度关注。

这类客户通常不喜欢循规蹈矩，我们应尽量简化对他们的限制和要求，同时不与其争夺话语权，学会做一个倾听者，通过耐心寻找机会把话题再拉回来。同时，我们可以提供多种方案供他们选择，切莫以强制的态度要求这类客户，要与这类客户打"感情牌"，这样更能促进他们做出成交的决策。

下面是应对表现型客户决策的沟通示例。

客户："你们这些条条框框太多了，我也不明白，烦都烦死了。"

座席："您说得对，我很明白您现在的感觉，我刚开始接触保险的时候也被这些产品信息折磨得够呛，后来我花了很多时间才研究明白，我再给您讲讲其他的配置方案，您对比一下可能会更清楚。"

5. 灵活多变、权衡利弊是影响灵活型客户决策的独门秘技

灵活型沟通风格的客户往往能够根据不同的情况，做出适当地回应，他们就像变色龙一样，善于通过整合身边的资源来达成自己的目的。这类客户在决策时没有明确的预设立场，通常不会做出极端的选择，他们喜欢优中选优的感觉，往往需要综合多种消息和方案才能做出决定。

因此，我们要尽可能多地为这类客户创造可选择的方案，让他们能够有权衡利弊的机会，并让他们感受到自己被认同，这更有利于快速成交。

下面是应对灵活型客户的沟通示例。

客户："你刚刚讲的我也听明白了，但是其他产品的信息我也不太了解。"

座席："您考虑得还是很周全的，其实我们也有类似的其他产品，我再给您介绍一下，您可以对比看看更需要哪一种。"

在销售过程中，我们会碰到各种沟通风格的客户，难免有些客户是我们不擅长

应对的。如果我们能够准确识别客户的沟通风格,找到不同客户的决策影响因素,并制定针对性应对策略,就能够有效影响客户决策。

2.3.2 利用情绪影响客户决策——以电话催收场景为例

利用情绪对客户施加影响需要分四步走,分别为识别情绪类型、破除外层防御、激活基本盘以及建立真实影响。

情绪是我们对他人施加影响的优良介质,因为利用情绪施加影响有两点优势:一是手段隐蔽性好,大部分针对情绪的工作难以被对象察觉,抵触和防御较少;二是结果更容易产生,因为情绪的作用发生在底层心理活动,其变化往往会在不知不觉中产生。

例如,在电话催收时,围绕情绪展开工作是一个非常好的选择,但这并不容易。逾期客户在接到催收电话时,会形成一个可以概述为三层的心理结构。其中,最外层是逾期客户用来应对催收人员的"防御层",中间一层是逾期客户正常心理活动的"基本盘",最里面一层才是逾期客户对待逾期和还款的真实想法,如图2.6所示。

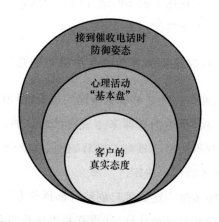

图2.6　电话催收时客户的心理结构示意图

利用情绪工作,我们需要先破除"防御层",抵达客户心理活动的"基本盘"之后,围绕情绪发力,对客户施加真实的影响。催收过程中,逾期客户和催收人员在情绪上有不同的内心"潜台词",代表他们在各个阶段的真实心理,如图2.7所示。

第 2 章 AI 心理引擎的理论模型及应用

图 2.7 四个阶段和对应的"潜台词"

1. 分类识别显性情绪与隐性情绪

利用情绪对客户施加影响,首先需要学会识别情绪。情绪的种类有愤怒、忧伤、恐惧、嫉妒等,虽然看上去很复杂,但实际上我们可以将其分为显性情绪和隐性情绪两类。

(1) 识别显性情绪

显性情绪有三个重要的特征,我们称之为三种"增多",分别是客户传递来的压力增多、客户讲话的词语量增多、客户讲话中预告的行为增多。

一般来说,逾期客户接到催收电话后,如果突然表现出一个或者多个以上特征,那么该客户就是进入了显性情绪的防御模式。

例如"愤怒",主要表现在逾期客户会发泄很多的负能量,对公司表达强烈的不满,攻击你或者公司;再如"表演",主要表现在逾期客户会突然说很多话,并开始给你编故事,向你表达还款的努力和决心;又如"威胁",主要表现在逾期客户会表达强烈的抗拒,并预告自己的行为,包括投诉、曝光、上诉等。

当然还有很多防御姿态都可以算作显性情绪,它们给人感觉就像是在宣泄能量。这些防御姿态的目的一致,都是要通过额外增加能量让催收人员知难而退。如果催收人员不幸陷入对抗,客户正好可以借机投诉。

(2) 识别隐性情绪

隐性情绪也有三个重要的特征,我们称之为三种"减少",分别是客户的交流动力减少、客户讲话的语词量减少、客户规划未来的动力或者能力减少。

逾期客户接到催收电话后,如果突然表现出一个或者多个上述特征,一般就是进入了隐性情绪的防御姿态。

例如"回避",客户一听到电话的内容涉及催款,可能突然就变得支支吾吾,还可能会通过"不方便讲电话""自己很困难"等借口快速结束这次通话;再如"哭诉",哭诉是在展现弱势的姿态,目的是博取同情与支持,如果我们落入哭泣者的圈套,催收目标将难以达成;又如"放弃",不管催收人员说什么,有的客户就是破罐子破摔,声称自己没有能力还钱。

还有很多防御姿态可以算作隐性情绪,它们目标一致,以弱示人,让催收人员无处下手、无处着力。

2. 利用情绪破除防御

催收人员应利用情绪破除客户的防御。当逾期客户利用上述防御策略时,与之博弈的催收人员胜算极低。

破解显性情绪的防御,就像是要从一个被搅扰的浑浊池塘里抓鱼,我们需要耐心地让它沉淀,让浮起的泥沙落下去。具体的破解策略如下。

(1) 承接客户向你发泄的情绪,给足他时间和空间。

(2) 表达共情,不回避也不冲突。

(3) 温柔而坚定地坚守原则,适当发力。

破解隐性情绪的防御,就像是要从一个清澈见底、看上去什么也没有的池塘里抓鱼,和破解显性情绪相反,我们需要适当地搅一搅,让藏起来的东西跑出来。具体的破解策略如下。

(1) 紧扣主题,描绘美好未来。

(2) 主动出击,"缺啥给啥"。

(3) "以毒攻毒",描绘悲观场景。

遇到显性情绪的防御,我们要让它发泄到无力可施,到时防御自然会瓦解;遇到隐性情绪的防御,我们要给它些力道,让它不得不重新运转,到时也就会自然瓦解。

我们要快速识别逾期客户的防御姿态以及情绪状态是显性还是隐性。选择适当的破解策略,以诱导他们的情绪(或发泄或兴起),一旦客户发觉自己的防御策略无效,他们就不得不退回心理活动的基本盘。

3. 激活基本盘

激活基本盘可以引发客户思考，客户一旦主动思考，我们就能顺利施加影响。心理活动的基本盘如果被激活，客户的认知世界会产生一种轻微的认知不协调（Cognitive Dissonance），思考就会自然而然地发生。例如，当我们在城市的街边突然看到野生动物时，首先会感到奇怪，但紧接着也许就会想："小家伙哪来的？是动物园跑出来的还是城市环境已好到这种地步了？"这就是由轻微的认知不协调而引发的思考。

(1) 回归基本盘的判断指标

如何判断客户的情绪和心理活动已经从防御姿态回到基本盘了呢？根据显性情绪和隐性情绪的分类，我们各有两条判断指标。

对于使用显性情绪防御的客户，他们回归基本盘的判断指标如下。

① 高亢的情绪回落了一些，且趋于平静。

② 催收人员说话的机会和时间增多，沟通趋于对等。

对于使用隐性情绪防御的客户，他们回归基本盘的判断指标如下。

① 低落的情绪回复了一些，且趋于平静。

② 催收人员说话的机会和时间减少，沟通趋于对等。

(2) 基本盘的情绪类型

客户在基本盘上的情绪类型和防御时使用的有可能不一致，因此催收人员需要进行再次识别，如果确实不一致，就要调整应对策略。因为客户此时的想法已经比较接近他对逾期和还款的真实态度，所以在这一步我们可以依靠一条比较简单的线索。

客户基本盘上显性情绪的线索主要体现在："主动"地不愿还款，积极对抗，有抗拒、抵触的词语和行为。客户基本盘上隐性情绪的线索主要体现在："被动"地不愿还款，消极回避，不对抗、不行动。

(3) 激活基本盘的策略

无论是显性情绪还是隐性情绪，激活基本盘都可以使用两步走的策略：表述事实，控制理由；提供新可能，引发认知不协调。

4. 建立真实影响

在影响客户决策的最后一步,即建立真实影响这一步,我们需要引导客户思考,加强与客户的关系,影响客户决策,促使客户还款。建立真实影响有四个小步骤,分别为强调同盟、表达接纳、要求承诺以及促进行动,如图 2.8 所示。这四个步骤可以循环进行,直到催收人员认为自己已经成功施加影响,或者客户的态度在某种程度上已经改变。

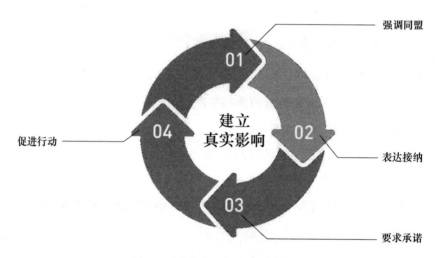

图 2.8 建立真实影响的四个步骤

(1) 强调同盟

在强调同盟这一步的话术中,催收人员需要强调自己与客户的工作同盟的关系。催收人员要换位思考,把客户想象成一个正在面对困难且需要帮助的人,也想象自己就站在客户的身后,多从客户的角度思考问题。

需要注意的是,催收人员与逾期客户之间的工作同盟一定要指向还款行为。逾期客户一定会有许多困境、难题或者心酸往事,催收人员可以表达共情,但是一概不要干预,切忌被客户主导而迷失其中。

(2) 表达接纳

在表达接纳这一步的话术中,催收人员要对客户未来还款行为需要面临的情况表达接纳。我们不仅需要接纳客户积极的情绪(如他对美好生活的向往或者战胜困难的努力和决心),还要接纳客户消极的情绪(如还款困难造成的恐惧)。

表达接纳就是向客户证明你确实在为他考虑，也是你为了上客户的"船"而向他缴纳的"船资"。作为建立同盟中主动的一方，催收人员必须展现出盟友姿态，并做出一定牺牲，这样才能获得对方的信任。

（3）要求承诺

在要求承诺这一步的话术中，催收人员需要主动要求客户做出还款承诺。我们可以把要求承诺理解为：作为一条"船"上的人，你先摆出了姿态和诚意，现在轮到客户表示了。这时候就需要催收人员发挥主导作用，再加一把力。

（4）促进行动

在促进行动这一步的话术中，催收人员需要依据承诺帮助客户拓展思维，把初步形成的还款意愿落实为还款行动。同时，我们要确定筹款资源、还款计划、还款周期、时间节点等。促进行动的目的是强化影响、督促行动和增加约束力。

在电话催收场景中，我们依次学习了催收人员如何识别客户情绪类型、如何破除客户防御、如何激活心理活动基本盘以及如何建立真实影响。如果能够掌握这四个步骤，并不断练习，相信大家都可以掌握借助情绪对客户施加影响的技能。

2.3.3　利用无意识影响客户的决策——以保险营销与服务为例

心理学表明，人有意识思维的一面，也有无意识思维的一面。我们需要了解人的无意识，采取有效的影响策略，更从容地引导对方。

1. 无意识的由来——大脑注意力的不集中和惰性

人类大脑每秒钟能接收大约 10 000 000 bit 的信息，但只能处理大约 50 bit 的信息。处理的这部分信息构成了有意识的思维，指导人的行为；而其他行为则是大脑在无意识下处理的，无法控制。

2. 策略和话术的形成——人类行为的"诀窍"

人类起初的环境充满了危险性和不确定性，为了生存，我们的祖先在进化中形成了长期有效的诀窍。

（1）适应社会规范

人类有尊重社会既定规范的倾向性。例如，人们会为了环保主义的宣传而购买新能源汽车,也会为了同事之间的影响或攀比而为希望工程捐款。

下面是适应社会规范的应用示例。

销售人员:"您这个收入阶层的人XX%以上都购买了重疾险。"

销售人员:"这类保险的续保率高达XX%,为了您的利益考虑,还是建议您续保。如果退保,您的资金损失将达到保费的XX%,作为工薪阶层,损失太大了,作为您的专属顾问,还是建议您不要退保。"

(2)规避损失

人们往往厌恶损失,也就是说,与追求收益相比,大多数人往往更加热衷于努力规避损失。在销售保险时,我们应强调保险的保障功能,保险就是帮助承保者规避由未来的不确定性而带来的损失。

针对要退保的客户,一定要强调保费的巨大损失,下面是规避损失的应用示例。

销售人员:"我们的钱都是用血汗挣来的,不能白白损失啊!如果您现在退保,损失约等于半辆小汽车了。另外,若因为失去保障而造成出险时无法赔付,这个损失更是难以估量。"

3. 影响策略——主动要求他人做出选择策略

(1)策略说明

我们可以先短暂地打断别人,帮助他们调动50 bit的思维,让他们认真思考一下自己的需要,透露出他们的真实想法。运用此策略设计行为方案时,可以有效地缩小人们认真思考所得的真实需求与注意力差和惰性导致的实际行为之间的差距。

此策略有三个步骤:中断现有的过程、提出关键的选择方案、将当事人做出的理性决策持续地实施下去。

(2)策略应用

例如,在保险客户提出退保要求时,我们首先需要找准时机,打断现有的过程,然后根据对方的实际情况提出关键的选择方案。

如果客户因资金流紧张而选择退保,那么我们可以帮助对方拓展思路、增加筹款渠道,同时,还可以对符合条件的客户推荐保单贷款。

如果客户是因为他人的影响而选择退保,那么我们首先要了解是谁在影响他,是不是其他保险公司或保险顾问在向他推销保险。若客户想退保后再换成其他公司,则需要和他分析退保再保与保留现有保险两种方案的优劣,强调退保带来的损失;若客户损失不大,则从产品的角度阐述现有产品的合理性与优势。

如果客户仅仅由于听了他人的几句评价而选择退保,那么我们要打击他人的权威,同时说出退保的危害,即失去保障、损失保费,避免客户在没有经过思考的情况下仓促退保。

4. 影响策略——重构选项

(1)策略说明

事实的构造方式或者表达方式会诱导人们做出某些解读,所以使用恰当的措辞表达自己的想法意义重大,好的措辞能帮你实现既定目标。

例如,"为无家可归的宠物捐款"是个很好的宣传语,这个宣传语的意思是,宠物作为一个家庭的成员,寄托着人的感情。宠物无家可归,可能意味着它们的主人去世了,或者陷入了非常苦难的境地。如果无人救助,它们会生活无着、面临死亡。

但如果将宣传语改成"为动物收容所捐款",就显得不是很恰当。与"家"和"宠物"相比,"收容所"和"动物"或多或少会缺少一定的感情色彩,而且吸引救助的主要看点是修建收容所,而不是人与宠物的情感联系。

与"动物收容所"相比,"无家可归的宠物"具有强大的情感冲击力,它暗含了家庭观念、归属感以及责任感,同时也暗含着所在家庭可能发生了灾难或者宠物遭到了遗弃。

(2)策略应用

例如,保险经纪人准备向一位40多岁的中年职场人士推荐保险,这不是一件容易的事,可分以下两步进行。

① 找到一个架构,并将这一信息置于重要位置。该保险经纪人依据中年职场人士普遍特征找到的架构是:人一生患重疾的概率非常高,如果一个正常收入的人想安然度过一生,在疾病来临时保证能得到有效的治疗,那么一定要参保重疾险。

② 找到一个已经存在于人们意识之中且可以用于激活这个新架构的概念。该保险经纪人为使潜在客户能够充分意识到没有重疾险的坏处,使用了"生活无着"这个众所周知且暗含情感的词语。

在前两步的基础之上,我们可以利用合适的语言重构信息,具体示例如下。

销售人员:"随着医疗费用逐年上涨,医生甚至会根据患者有无保险来决定用什么药物、用何种治疗手段、是否继续治疗。为了避免您在罹患重疾时生活无着,为了您和家人的幸福,您一定要参保重疾险。您每个月交几百元即可,这样即使罹患重疾,也能保证您安然应对。"

我们应当充分掌握和利用无意识这个心理学工具,并以此引导客户决策,同时也应防止客户在无意识下做出仓促、错误的选择。

2.4 满足客户的多样化需求

2.4.1 识别客户的需求层次,满足客户需求

马斯洛需求层次理论将人类需求从低到高按层次分为五种,分别为生理需求、安全需求、归属与爱的需求、尊重的需求以及自我实现的需求。

1. 马斯洛的需求层次论

五种需求是最基本的,也是与生俱来的,它们构成不同的等级或水平,并成为激励和指引个体行为的力量。需求层次分类模型如图2.9所示。

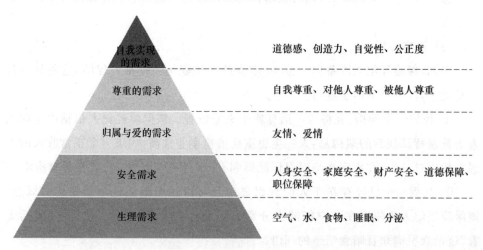

图2.9 五大需求层次分类模型

需求层次上升,其需要的力量会减弱。高级需求出现之前,必须先满足低级需求。如婴儿阶段存在生理需求和安全需求,但自我实现的需求可能要等到成人阶段才会出现;如古语"仓廪实而知礼节"也是强调先满足低级需求。

很多时候,在人的高级需求产生以前,只需满足部分低级需求就可以了。例如,学生为了获取好的考试分数,会不惜以牺牲睡眠甚至健康为代价。

个体对需求的追求也存在一定的不同,有人对自尊的需求会超过对爱和归属的需求。

2. 识别客户的需求层次

以马斯洛需求层次理论为指导,当我们从事客户销售或服务工作时,首先需要识别客户的需求层次,然后结合自身的产品和服务去满足客户需求,最终转变客户意愿,达到销售或服务目标。

那么,如何识别客户的需求层次呢?我们从三个方面进行讲述。

(1)利用能够得到的资料

因为需求层次与社会阶层相关程度较高,所以对于既有客户,我们可以直接从客户资料中了解该客户的社会阶层,如职业、收入、居所位置、办公场所乃至个人的存款、理财、保险等。依据相关资料,我们可以将客户划分为几个阶层,从高到低依次为老板/领导、金领、白领、一般工薪阶层、低收入者。一般来说,高阶层对应更高的需求层次,低阶层则对应较低的需求层次。例如:地方领导更关注的是个人政绩、人际关系;企业老板则更关注企业发展、资源合作等;而相当数量的低收入者却常常为吃穿住行和工作发愁。

(2)注意观察

很多时候,我们没有上述客户资料,潜在客户一开始也不太可能向我们敞开心扉。这时就需要我们仔细观察。

① 根据客户的活动区域,包括工作地点、居住地点以及约见地点,判断客户的社会阶层乃至需求。

② 客户的穿着、日用品、卫生习惯、屋内陈设也能在一定程度上反映出客户的社会阶层。

③ 客户的谈吐与做事风格也能在一定程度上映射出客户的家庭出身以及教育背景,我们可以据此进一步判断出客户的社会阶层与需求。

(3) 提出好的问题

我们与客户或潜在客户沟通的机会是稀缺的,这就要求我们提高沟通效率,其中一个很重要的方面就是提出好的问题,可从以下几点入手。

① 问题要简单聚焦

同一个时间只关注一个问题。下面给出一个相关的示例。

领导:"你最近都在忙些什么?新冠肺炎疫情好转后,我们就上班了,为什么没去跑客户?"

下属:"新冠肺炎疫情对工作影响挺大。我平时忙于各种事情,有时要整理资料,有时需要为客户开发方案,感觉时间过得好快。不过,最近我也在与客户联系,他们有的还没正常上班,有的我随后会安排拜访。"

很显然,下属给出的回答是一种托词和逃避,他没有直接正面回答问题。而领导的错误在于提出的问题过于复杂化,没有很好地组织询问的结构,这便造成了上述后果。当他脱口而出时,问题变得复杂起来,下属也用复杂的方式来回应他的提问。

聚焦就是不要掺杂太多与主题无关的信息。寒暄有助于建立良好的关系,但是良好的关系同样可以通过别的形式去构建,比如用一种可以让你直接获得所需信息的方式。一般来说,人们通常会浪费80%的交流时间,这主要是因为人们总被无关问题干扰,从而偏离主题。

② 好的询问

a. 使用特殊疑问句

现实中,人们通常会忽略使用疑问词,如何人、何时、何地以及为什么。

很多人倾向于用一般疑问句,也就是答案为"是"或"否"类型的问题,如"你会……吗""他是个好人吗"。当对方只回答"是"或"否"时,我们难以得到更多的信息,这样的询问是低效的。因此,如果你提的问题能够引发对方叙述性的回答,那么在获得丰富的信息之外,还能够激发更深入地询问。

b. 询问应无偏见

保持公允、客观的心态可以帮助你自动进入询问模式。无偏见的好奇心和求知欲可以避免在询问过程中扭曲主题或添加不客观的色彩。

偏见可以在询问者和被询问者之间相互干扰,并且会在一定程度上削弱问题的力度。例如,在一个出身于农村的人面前,表现出对农村的偏见,就会引起他的反感，导致问题得不到好的回应。

c. 设计好询问的开端

优秀的询问往往与一个好的开端密不可分。因为通常接下来的询问涉及很多不同的主题，或者有些问题本身便是复杂的，它们可能会引起各种积极或消极情绪。因此，设计好一个开端，对接下来的询问有很大的益处。

我们应该使用"框架性结构"，即在提出问题前，便在心中对该谈话结构有一个基本的框架性预测，并以此来确定应当以什么样的问题作为开端，这是帮助对方更有效回答的结构化技巧。

3. 根据需求层次满足客户需求

当我们利用上述一系列方法识别了客户的社会阶层和需求后，下一步要做的就是满足客户需求。

我们设定两个场景：欠款催收场景和保险销售场景。

（1）欠款催收的客户需求

有人会问："欠款催收不就是催对方还钱吗？还需要满足对方什么需求呢？"事实上，同样是欠债还钱，不同社会阶层也会有不同的需求。

如一个大企业老板会关注自己在公众中的声誉；一个事业单位干部会关注单位以及同事对自己的看法；一个家长很害怕孩子知道自己欠债不还；一个低收入者担心的是没人借钱给他，即使欠款较少也没能力偿还。因此，我们在催收的时候，就要根据对方的需求来施压，根据对方的情况制定还款计划。

（2）保险销售的客户需求

对于保险而言，不同社会阶层需要的产品不同，需要的服务也不尽相同。

低收入者、一般工薪阶层需要的是基本保障，他们需要大病保险和意外保险；白领除了需要基本保障外，还会有旅游类保险和车险的需求；同属于较高社会阶层的行政、事业单位领导和企业金领的需求也不同，前者更稳定，而后者收入虽高但并不稳定，所以针对他们，即使是同一种产品，卖点也可能不同。而拥有巨大财富的企业老板，他们更关注的是通过保险来无风险、低成本地传承财富，也就是更需要年金类保险。

需求层次越高的人，对服务要求也越高。因此，针对不同的细分客户应设置差异的服务等级。只有根据客户的需求层次，匹配相应的客户需求，才能达成业务，提升客户满意度。

2.4.2　不满客户的需求识别与应对

客户联系呼叫中心进行投诉或表达不满时，问题往往是多种多样的，诉求也不尽相同。那么，我们该如何识别不满客户的需求并更好地应对呢？下面将进行详细讲解。

1. 客服应具备良好的个人修养和心理素质

（1）良好的个人修养

尊重客户，而不是对表达不满的客户抱有对立情绪；谦虚诚恳，而不是高高在上；宽容忍耐，而不是动辄发脾气、起冲突；信守承诺，而不是乱承诺；勇于承担责任，做到首问负责不推诿；具备强烈的集体荣誉感，做好团队沟通与协调，努力令客户满意。

（2）良好的心理素质

具有健康积极的心态，追求成功，不轻易放弃；具有处变不惊的应变能力，沉着冷静不慌张；具有坚韧的挫折承受力，不消极对待；具有良好的情绪控制力，追求愉悦工作。

2. 利用资料和询问识别客户需求

（1）利用既有资料识别客户

一般而言，我们会拥有客户的资料，并可以从资料中了解客户的社会阶层。社会阶层在 2.4.1 小节中有详述，此处不再赘述。一般来说，高阶层常常对服务品质要求很高，低阶层则注重实际利益，还有部分人士则需要倾诉，一吐为快。

（2）好的问题

如果需要快速锁定客户不满的原因和诉求，我们就要提高沟通的效率。在沟通中提出好的问题，需要做到以下几点。

① 还原事件——5W1H

5W1H 是对事件进行分解和分析的程序。它对事件的对象、地点、时间、人员、方法和客户想要达成的诉求提出一系列的询问，并据此弄清对方的想法。这六个问题是：What——发生了什么事情？Who——涉及哪些人员？Where——在什么地方发生的？When——在什么时间发生的？Why——为什么出现不满？How——客户有什么诉求？

② 避免偏见

我们应保持公允、客观的好奇心，避免一开始就有偏见，这种心态能够帮助你自动进入询问模式。

偏见可以在询问者和被询问者之间相互干扰，并且会在一定程度上削弱问题的力度。如面对客户时，若表现出对不满客户的些许偏见，就会引起客户反感，从而使得问题趋于复杂化。

3. 掌握不同需求客户的特点

了解不同需求客户的特点，能够帮助我们识别客户的需求。

(1) 问题解决型客户

问题解决型客户在描述问题时清楚、仔细，对自身诉求也清晰明了、不易改变。他们不会对服务方轻易失去信任，认为问题能够得到解决，并期待尽快解决问题。例如，问题解决型的保险客户投保意外险后，因胳膊摔伤而要求理赔。

(2) 希望补偿型客户

希望补偿型客户较为实际、理性，他们主要提及因服务问题造成的自身损失及所需补偿，因此对话中会频繁出现与金钱相关的字眼。例如，希望补偿型客户针对手机套餐更改失败进行投诉，并要求赔偿套餐差价。

(3) 情绪宣泄型客户

情绪宣泄型客户带着怒气和抱怨进行投诉时，有可能只是为了发泄不满，让郁闷或不快的心情得到释放。他们表达事件和诉求时，常常情绪激动、喋喋不休、缺乏逻辑，因为他们还沉浸在消极的情绪中。

在面对客服人员时，他们听不进对方的劝说，恨不得把所有的过错都归于对方，更有甚者，若问题处理不好，他们还会威胁客服，稍有不顺就大吵大嚷。例如，银行客户在办理业务时投诉某营业员服务态度差，要求当事人道歉，并要求对其进行处罚。

(4) 有备而来型客户

有备而来型客户往往对投诉的程序和权责有一定的了解，他们还了解消费者权益保护法、产品和服务的相关知识和标准,甚至会录下与客服的谈话内容,不达目的不罢休。这类客户有时可能得到了他人的指点,比较难应对。例如,保险消费者要求退保,事实上是受到了代理退保组织的诱导,并声称该组织能帮其全额退保。

4. 有效应对不同需求的客户

当我们识别到不同的客户需求后,下面要做的就是有效地应对。

(1) 问题解决型客户的应对方法

对于这类客户,只要相关部门密切配合,客服人员在客户可以容忍的时限内解决问题,客户的满意度和忠诚度就不会受到影响。所以,掌握"客户期待问题尽快解决"的心理后,应该马上付诸行动。

在呼叫中心,如果遇到常见的可控问题,客服人员应当给予客户承诺,给出一个解决问题的期限以安抚客户。当然,如果是不可控或者需要进一步确认的问题,那么更应灵活地对客户表示我们会尽快为他解决问题,并及时与他沟通问题进度,并对客户的主动沟通表示欢迎和感谢。

针对上述胳膊摔伤要求理赔的情况,应当根据保险合同,快速答复能否理赔,并告知客户相关原因。

(2) 希望补偿型客户的应对方法

一般来说,当客户希望得到适当补偿的心理越趋于急切,而又无法得到补偿时,其投诉升级的可能性就越高。投诉升级后,客户满意度和忠诚度都会严重下降,并且客户离开的可能性也会增大。因此,从一开始把为什么没有补偿、在什么情况下可以得到补偿、怎么补偿等问题向客户解释明白,远比处理投诉升级更加快捷有效。

针对上述手机套餐更改失败的情况,客服人员需要了解手机套餐变更失败的真正原因,查明错误方是运营商还是客户,以此确定是否补偿。

(3) 情绪宣泄型客户的应对方法

客户带着怒气和抱怨进行投诉时,有可能只是为了发泄不满的情绪,让郁闷或不快的心情得到释放,以此来维持心理上的平衡。直接发泄不满情绪的情况多于重复投诉的情况,在面对具有这类心理的客户时,客服人员的耐心尤为重要。客服人员首先要以恰当的语句安抚客户,并及时与相关部门联系以确认问题所在,分清责任后再给予客户合理的解释。

在处理客户抱怨时,客服人员应保持良好的心态,从有效解决问题的角度来分析问题,排除障碍,与客户达成共识,取得客户的谅解,赢得客户的好评和尊重,切忌将个人情绪化的思维带入问题处理的过程中。

(4) 有备而来型客户的应对方法

客服人员要理解客户。客服人员可以通过称赞客户的专业知识,向客户展现出负责任的态度,但不要轻易承诺。客服人员要了解客户的真实意图,与客户共同寻找解决方案。同时还应及时按照与客户达成的共识以及规定的政策、流程尽快处理问题。

客服人员要在有效时限内答复客户。客服人员应第一时间告知客户公司政策和处理程序,让客户感受到公司的诚意和重视,并及时进行客户回访,告知结果。

针对上述退保的情况,如果了解到客户确实受了代理退保组织的诱导,我们应当帮助客户进行理性分析,将公司政策告知客户,并尽量帮助对方从代理公司的陷阱中挣脱出来。

对不满客户的需求识别和有效应对是每一个客服人员应具备的能力,该能力在提升客户满意度上能起到重要作用。

2.4.3 拖延客户的需求识别与应对

销售只有学会从心理需求角度推动拖延成交的客户,才能有效地促成一项被拖延的交易。客户有需求才会消费,他们会受到外在消费需求的推动,同时也各自带着不同的心理需求。

价格需求、价值需求和需求程度是客户的外在需求,而心理需求则根据客户不同的沟通风格(亲和型、分析型、控制型、表现型)有所区别,如图2.10所示。

1. 拖延客户的需求

对于拖延交易的客户来说,外在需求就像病人自述的症状,是"标",而心理需求则像中医视角里的病根,是"本"。交易被拖延,如果销售治"标"不治"本",客户或许会暂时感到满意,但成交依然具有不确定性。

(1) 外在需求是客户拖延症的"标"

拖延客户有相对固定的外在需求,一般有三类,分别是价格需求、价值需求和需求程度。

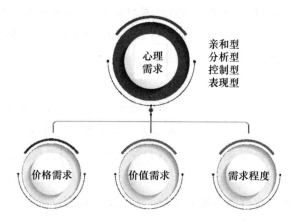

图 2.10 客户成交的外在需求与心理需求

价格需求指的是客户对目前交易价格不满意，故而选择拖延成交；价值需求指的是商品或服务的使用价值尚未达到客户预期，故而客户选择拖延成交；需求程度指的是客户需要商品或服务的紧迫程度，如果客户的需求不是很紧迫，也可能会选择拖延成交。

（2）心理需求是客户拖延症的"本"

根据沟通风格，我们把拖延客户的心理需求分为四种类型：亲和型、分析型、控制型和表现型。人的主观世界复杂深邃，但对销售人员来说，交易场景中的沟通交流就是探索客户心理需求的有效抓手。

亲和型的客户拖延成交，往往是因为对自己与销售人员的关系感到不适或不安；分析型的客户拖延成交，往往是因为还没有掌握足够多的资料或信息；控制型的客户拖延成交，往往是因为过程不符合预期，或者交易尚未达到自己的某个目标；表现型的客户拖延成交，往往是因为还没有获得销售人员对自己的支持或理解。

客户沟通风格不同，客户的角色、心理需求以及销售人员的角色定位常常也是不同的，如图 2.11 所示。

2. 亲和型的拖延客户需要安全的人际关系

匹配亲和型拖延客户的心理需求，需要销售人员把他们想象成自己敬重、关爱的长辈，尽量让他们感到自己是被关心、被尊重的。就像年轻人说服尊敬的长辈一样，需要耐心描述和解释,既要让对方明白尽快成交的必要性,又要保持克制。同时推进速度不能过快,不能显露急躁情绪,不能让客户感到被催促或者被冒犯。

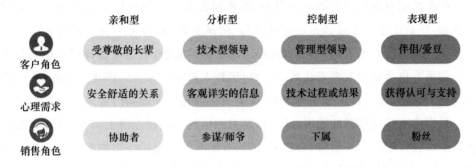

图 2.11　客户的分类、角色、心理需求以及销售角色

我们之所以这样做的原因在于,亲和型的拖延客户需要安全舒适的人际关系。他们也许温和内向,要求不多话也不多,或者看起来对别人的要求没什么意见,但实际上,如果当前的交易场景让他们感到不安、被胁迫或者不被尊重,那么,即便产品再好、价格再合算,也很难让他们快速成交。

对于亲和型拖延客户的外在需求,销售人员需要尽量以"协助者"的立场去处理,如"我帮您申请下,看看价格还有没有空间"或者"我帮您算过……"等。

3. 分析型的拖延客户需要有人给他提供信息

匹配分析型拖延客户的心理需求,需要销售人员把他们想象成企业里的技术型领导,尽量让他们感觉你在提供可靠翔实的信息,且你的推理过程符合逻辑、前后立场一致。销售人员可以提前准备好有利于推动成交的信息,在准备过程中,要从客户的角度考虑,尽量准备全面,用有逻辑、有条理的方式陈述信息。在给出一定结论的同时,也要为客户留下思考和分析的空间。

我们之所以这样做的原因在于,分析型的拖延客户在心理上需要收集足够多的资料信息以做分析。相比于结果,他们更容易被充足的信息和合理的逻辑说服。要推动他们成交,最好的办法是为他们做好专业的信息收集和分析工作。

对于分析型拖延客户的外在需求,销售人员需要尽量以"参谋"或者"师爷"的角度去处理,如"我给您讲讲本地市场上其他商家的情况……"或者"我帮您了解了……"等。

4. 控制型的拖延客户需要心理上的掌控感

匹配控制型拖延客户的心理需求,需要销售人员把他们想象成企业里的管理型领导,尽量让他们感觉到我们服从安排、听从指挥、执行力一流。销售人员可以先对客户提出的要求表示认同,展现出为之努力的姿态,适当地让他们掌控交易节奏。如果客户所提的要求实在难以达成,销售人员可以在表达困难的同时,承诺自己会努力争取,之后再思考应对之策,或者直接通过预先提高门槛来控制需求。

我们之所以这样做的原因在于,控制型的拖延客户在心理上需要获得掌控感。他们也许会表现得比较强势,有很多要求,有的甚至会直接压迫你的底线。与过程相比,他们更希望获得自己想要的结果。要推动他们成交,最好的办法就是让他们感觉到局面由自己控制,哪怕最终的结果与预期有所偏差,但只要他们自己主导这一切,一般都能够欣然接受。

对于控制型拖延客户的外在需求,销售人员需要尽量以"下属"的立场去处理,如"您说的这个我明白了,我想想办法"或者"您的要求肯定是最重要的,虽然有点难,但是让我先去请示一下"等。

5. 表现型的拖延客户需要"粉丝"支持

匹配表现型拖延客户的心理需求,需要销售人员把他们想象成自己的"另一半",尽量让他们感觉到你欣赏他、支持他或者理解他。销售人员可以对此类客户的选择与品味表示赞赏,如果他们讲了一些和态度、立场相关的话,你最好也要表示自己的认同、理解和支持。

我们之所以这样做的原因在于,表现型的拖延客户在心理上需要获得别人的认可。他们大多喜欢讲话,展现出比较鲜明甚至强烈的情绪,但本质上还是在寻求对方的认可与支持。要推动他们成交,最好的办法就是和他们站到同一"战壕"里,欣赏他们所欣赏的事情、关注他们所烦恼的事情。

对于表现型拖延客户的外在需求,销售人员需要尽量以"男朋友""女朋友""粉丝"的立场去处理,如"您说得太对了,之前我也是……"或者"您这个选择比较大胆啊,但还是很适合您的"等。

销售人员想要推动拖延客户尽快成交,一定要像中医治病那样,对客户的拖延症标本兼治。通过识别客户的沟通风格抓住客户的心理需求,同时兼顾价格需求、价值需求和需求程度等外在需求,相信大家不会再为客户拖延感到头疼。

第3章 AI心理引擎重塑催收行业

3.1 催收行业的定位与策略提升

3.1.1 金融业务的创新发展

1. 提升核心竞争力

各大银行纷纷成立金融科技团队,通过提升科技实力打造核心竞争力。然而,银行的核心竞争力不单单取决于科技实力,更取决于银行的预设,即确定银行业务模式的出发点是风险管控还是满足客户需求,这个预设的选择结果将决定银行技术创新路线是否正确,是否真正具备核心竞争力。毋庸置疑,风险管控是银行的核心能力之一。以风险管控为出发点,设计银行业务模式,在现阶段遇到了挑战。以风险管控为导向还是以客户需求为导向?这一直是金融机构关注的问题。同时,金融机构开始审视自己的经营理念,并通过改变来寻求突破和创新。

2. 以客户为中心,设计风险管控

金融机构以风险管控为依据设计业务,其工作模式以自身需求为导向。对待客户以防范为主,服务为辅,对逾期客户则以"施压"为主要手段,简单来说,就是从客户立场的对立面进行流程和政策的设计。

随着新一轮技术革命的蓬勃发展,想要在时代浪潮中站稳脚跟,无论从竞争角度或是行业环境变化角度出发,金融机构都不能一味以自身业务为导向,只强调风险管控而忽略客户需求和服务意识。

从客户的角度设计银行的业务模式,并不是不需要风险管控,而是要以客户需求为中心,设计风险管控,把客户的需求、体验和感受作为业务和服务设计的出发点,从而进行金融科技的创新,实现银行风险管控业务模式的升级迭代,形成新时代的核心竞争力。

3. 新一代的催收方向是 AI 心理催收

现阶段,在催收目标定位为回款的情况下,如果继续采用诉讼施压的策略与方式,既不符合监管部门的要求,又容易催生庞大的反催收联盟,同时,一味施压也为反催收大军提供了证据,所以诉讼施压的催收方法并不可取。

智能催收和智能质检与 AI 技术结合能够大大提高效率,然而,如果不改变业务内核而只做技术的引进,并不能为催收行业带来本质的改变。

在以提高催收成功率和客户认可度为目标的前提下,"洞察人心"的算法和智能化技术手段的应用是催收创新的方向,具体包括以下几点。

(1) 建立以客户为中心的催收导向。以客户为中心的催收导向,就是把逾期客户当作客户而不是"犯罪嫌疑人",这是避免催收被反催收联盟反诉的根本,预设正确的立场才是实现创新的前提。

(2) 寻求客户的"心动时刻"。从对抗、不对抗到合作,打开逾期客户的心扉,需要以"知-洞察客户、情-建立关系、意-转换意愿、行-督促行动"为依据,优化催款流程、作业模式以及催款话术。

(3) 引入人工智能技术。在技术、市场和监管部门的多方推动下,人工智能催收应运而生。从效率角度出发,智能化催收可以节省人工,极大地提高效率;从客户感受出发,友好的自动逾期提醒更容易被接受。

(4) 行为改进工具。在稳定的作业模式下,将绩优员工的行为进行画像,归纳出可复制的行为并对其进行"规模化复制",能够使业绩一般的员工获得快速成长。绩优员工的行为规模复制是催收团队绩效改进的方向。

(5) 进行客户与员工的个性化匹配。在工作中,对客户和员工分别进行识别,并根据不同类型进行个性化匹配,这样使得员工不用改变自己的风格来适应客户,长期下来更容易保持较高的工作效率。

自新冠肺炎疫情发生后,逾期客户的规模以及相关部门对金融机构的监管力度加大,同时客群结构发生变化,反催收大军更加专业化。在复杂多变的社会环境中,我们比往常更迫切地需要 AI 技术与心理学的结合,实现催收团队的主动变革与创新。

3.1.2 疫情下催收的定位及策略转换

在新冠肺炎疫情的打击下,金融机构不仅自身业务发展受阻,还突增了大量的逾期客户。金融机构迫于自身业绩的压力,不得不对逾期客户进行催收,面对监管趋严、催收压力变大等挑战,金融机构苦不堪言。在新的形势下,我们不禁有这样的疑问:金融机构的催收业务是不是需要重新定位?催收业务策略是不是需要转换呢?

一味地诉讼施压使整个金融催收行业陷入暴力催收的困境,那么如何才能既获得客户认同又可收回欠款呢?我们可以从几点入手:从识别客户出发,建立互相的信任和尊重;从客户的痛点出发,转变客户的还款意愿;充分考察客户支付能力,制定个性化还款计划。最终帮助客户解决问题,达成双赢。

1. 金融机构催收业务的重新定位

(1) 从识别客户入手,识别客户真正的需求

金融机构对逾期客户的正确识别至关重要。我们经常会有这样的疑问:客户主要面临什么问题?客户是否具有还款意愿和还款能力?客户的情绪如何?催收人员如何正确与客户沟通?

若要解答上述问题,唯有从客户的真实情况出发,并对其进行相应地分类,才能够帮助催收人员更高效、更有针对性地开展催收工作。

(2) 从追求回款成功率到优先建立客户信任

新冠肺炎疫情缓解后,虽然大量的逾期客户已经复工,但收入增长缓慢,之前积压的欠款一时还不了是常态。如果一味强调回款,反而会增加客户心理负担,最终造成客户不配合的局面。从建立信任关系出发,体谅客户并且帮助客户解决问题,才是实现回款目标的第一步。

(3) 从简单施压到尊重

新冠肺炎疫情下的逾期客户更需要尊重。大多数逾期客户因为不可抗力失去

收入,从而造成欠款,不是主观故意,也不是有意拖延的。这类客户需要的是理解、尊重和鼓励,我们要帮助他们理性地面对、分析和解决问题,而不是站在客户的对立面,以甲方的姿态进行施压。即便是达成还款目的,一味施压也可能使客户产生不满意的服务体验,从而彻底失去这个客户。

2. 新形势下的催收策略

(1) 对作业模式进行结构性调整

新形势下,除了可以使用常见的逾期周期分类外,我们还可以按还款意愿、还款能力等对客户再次进行细分,加大智能机器人、短信的投入比例,让催收人员负责有还款意愿客户的催收工作。对于还款意愿不强的客户,我们可以通过预留电话或微信进行一对一的线上催收,做到耐心倾听、循循善诱,从而探寻客户真实的需求。我们要真正做到"以客户需求"为导向,帮助客户解决问题,摒弃传统的诉讼施压方式。

(2) 帮助客户转换意愿

大部分客户的痛点是面临着个人信用危机,催收人员可以把帮助客户建立良好信用作为切入点,告知他们唯有遵从规则进行还款,才可以保持良好的信用。在催收过程中,若遇到恶意欠款人员,催收人员需要及时止损。我们要全方位识别客户,针对客户的痛点转换客户的还款意愿,客户有了还款意愿后,再磋商还款方案,才能达成一致的还款目标。

(3) 按支付能力协商还款计划

逾期客户要保证生产、生活的必要支出,需要一定的现金。在政策允许范围内,倘若银行欠款可以协商延期支付,这对客户是极大的帮助。所以在平等协商下,与客户达成一致的还款计划,然后按客户可支付能力进行还款,才可以达成双赢局面。在客户最困难的时候,如果我们帮助其渡过难关,解决资金周转的难题,那么,这个客户有很大概率会成为我们的忠实客户。

新冠肺炎疫情发生以来,餐饮、旅游、公路客运、房地产、影视等很多行业受到了极大的影响,有的甚至直接"停摆",形势非常残酷。金融机构在保障疫情防控安全的同时,要重新定位、转换策略。我们要帮助客户解决问题,安抚好客户的同时做好催收工作,保证资金不沉淀,并在此基础上降低贷款不良率,只有这样才有充足资金帮助企业复工复产,形成良性循环。

3.1.3 反催收联盟的概念与应对策略

新冠肺炎疫情令人始料未及,它改变了很多情况,也催生了很多问题。疫情期间,反催收联盟大行其道,让金融机构陷入了被动的局面。反催收联盟成员找准金融机构的漏洞,用法律和心理学手段武装自己,进行专业"碰瓷"。他们以客户身份进行投诉,利用金融机构所受的监管压力和舆论压力,达成"不还钱却挣钱"的目的。这种方式虽简单粗暴但却屡屡得手,让金融机构既赔上了声誉又损失了利益。

反催收联盟成员有监管政策保护,有专业知识和工具武装,相反地,金融机构则束手无策,一味妥协。一线催收人员畏惧的心理、生硬的态度,将客户推向对立面,这在客观上助长了反催收联盟的发展。

时至今日,金融机构需要正视反催收联盟的客观存在,充分调动资源,有组织、有目的地制定反击反催收联盟的策略,以专业手段来提升打击反催收联盟的能力。

1. 反催收联盟的危害

新冠肺炎疫情期间,很多欠款人承受的催收压力倍增,加上金融机构与欠款人天然的对立关系,欠款人慌不择路,盲目投靠反催收联盟。

对于金融机构而言,反催收联盟的涌入严重影响了催收工作的正常开展,给金融机构资产管理带来压力的同时,还挤占了有合理延期需求的客户的空间。对于欠款人而言,反催收联盟扰乱了他们的还款计划,严重损害了他们的合法权益,如支付高额佣金、增加还款费用、损害个人征信等。

2. 反催收联盟的套路

2020年2月,央行等五部委联合出台了《关于进一步强化金融支持防控新型冠状病毒感染肺炎疫情的通知》,要求金融机构在信贷政策上对受疫情影响暂时失去收入来源的人群予以适当倾斜,合理延后还款期限,并在征信上予以宽限。

对于金融机构来说,政策出发点虽好,但执行上却存在难度,原因是不好判断哪些人群可以纳入宽限范围。假如盲目相信欠款人,就会很容易被他们带入精心准备的"坑"里,他们会故意激怒催收人员,取得催收人员不合规催收的证据,并将其投诉到监管部门。

具体来说,反催收联盟成员的常规动作包括以下几点。

(1)减免申请。他们常常通过打电话或寄信函的方式讲述自己因疫情丧失还款能力的"事实",希望与金融机构协商以获得利息减免优待。一旦不能获得优待,他们就会进行投诉。

(2)投诉。他们通过向金融机构客服部门、金融机构监管部门、第三方网站投诉来获得协商主动权。大多数此类人员希望获得免息分期的协商结果。

(3)录音。他们接通电话后,以验证催收人员身份为由,要求催收人员提供姓名、工号、工牌等信息,故意激怒催收人员,诱使对方说出违规的话语,并留取录音用于调查取证。

(4)还款记录。他们的每张账单都有还款记录,每天还1元或者每月还100~200元,装出还款的"诚意"。

反催收联盟辅导其客户把握政府政策,通过专业逻辑训练、心理建设和沟通谈判话术的培训,让一线催收人员掉进他们精心准备的沟通逻辑陷阱,借机获得"粗暴催收"的证据,并以法律起诉作为威胁。他们还利用金融机构畏惧被投诉到监管部门的心态,达到不还钱甚至获得赔偿的目的。

从以上分析中我们发现,反催收联盟的实质就是让客户在接受"洗脑"后按反催收套路行事,并且利用政策的灰色地带损害金融机构的利益。金融机构想要实现破局,应该使原本就属于自己的客户重新与自己站在同一条战线,帮助客户解决问题,进而打破这个灰色地带。

3. 针对反催收联盟的策略

金融机构应从上到下、系统地制定应对策略。

(1)决策层

① 战略上充分重视。金融机构应正视反催收联盟的客观存在,做到不轻视、不回避、不畏惧,正式且专业地面对问题、解决问题。

② 成立专业团队,专项攻坚。金融机构应调动可以组织和协调的内外部资源,集中产品、市场、运营、风控、资管等团队人员,成立打击反催收联盟的联合项目组。

③ 求本溯源。金融机构应梳理客群定位体系、风控体系和催收体系,找出其中存在的漏洞和改进的空间。例如:在开发产品、提供服务和配置资源环节中,我

们是不是真正"以客户为导向";在风控和催收环节,是不是采用公事公办的冰冷规则和"诉讼施压"的催收策略,导致客户向反催收联盟倾斜。我们应通过收集相关监管政策和法律条文,分析造成客户不相信金融机构却相信反催收联盟的原因,并且深入研究反催收联盟的套路及发展动态,及时制定并灵活调整我们的对策。

（2）业务层

① 针对性开发策略。整理不同客户的案例,透过现象挖掘本质;划分客户类型,制定针对性的财务政策、催收策略和催收话术。

② 对催收人员进行心理重塑。避免先入为主,以平和的心态面对客户;识别对方的反催收联盟套路后,避免陷入对方设定的"坑"中。我们要让催收人员相信,对方是我们的客户,一起解决问题才是我们和客户的共同目标。目标一致、战线统一才是正确的心态。

③ 提升催收人员的专业能力。我们要从客户识别能力、分歧处理能力、谈判能力和应对能力等方面帮助催收人员灵活处理问题,通过相关激励制度和管理手段,提升催收团队的积极性。

（3）执行层

经过专业知识培训且技能到位的催收人员,能够做到合法合规、合情合理,以同理心对待客户,抓住客户痛点,帮助客户解决问题。

① 学会不卑不亢,克服对目的性投诉的畏惧心理。我们要把逾期客户当作普通客户来看待,认为他们与其他客户一样,都想尽快还款。除非客户主动提起反催收,否则不能盲目地对客户进行归类。在通话过程中,我们要做到语气缓和、不卑不亢、耐心有礼,按照既有的规定和流程进行催收,使反催收联盟的套路不起作用。

"反催收客户"也是客户,催收人员需要以平常心来对待,我们可以使用合适的话术与客户进行沟通。如"您先冷静一下,我们是一起解决问题的,等您情绪缓和一些,我们再继续聊",再如"金融机构有相关的规定,我也会把您的情况向上级反馈,但我也需要您的配合,我们一起好好协商,一定能把这个问题解决"。

② 学会耐心倾听,建立关系。催收人员要认真了解客户,倾听客户的陈述,一般不打断客户。当客户讲到诉求时,催收人员可以适当重复,以表明重视;当客户陈述还款压力时,催收人员要适当表示体谅;当客户讲述困难时,催收人员应表示会帮助其解决问题。催收人员要跟客户站在统一战线,建立信任关系。

③ 善于循循善诱,探寻真实的需求。催收人员在与客户交谈时要帮助对方分

析利弊,走入对方的内心,挖掘欠款的真正原因,并从交谈中帮助客户分析、解决还款资金来源的问题。同时,对他们不靠谱的还款方式进行拆解,解释其不合理及不切实际的关键点,从而协商出双赢的方案。我们可以使用适当的话术与客户沟通,如"我知道您也是想和金融机构好好协商,如果不能解决您的债务问题,很可能还会适得其反。我们应该合法解决问题,只要把欠款还清,问题也就迎刃而解了"。

总之,反催收联盟从法理上站不住脚,他们以帮助客户解决问题为托词,但实际上却误导金融机构犯低级错误。尽管反催收联盟一时占了上风,但如果金融机构充分重视战略,调动专业资源,针对性开发策略,并提升一线催收人员处理问题的专业能力,就会使得真正的客户悬崖勒马、走入正途。

3.2 AI 心理引擎在催收行业中的价值

3.2.1 AI 心理引擎提升电话催收的产能

金融机构的催收模式以自动、电话和属地的混合催收模式为主流,其中自动化和智能化越来越多地应用到较短逾期的催收,属地则用于较长逾期的催收,电话催收仍然是主力军。因此,提升电话催收的产能尤为重要。本小节主要分析哪些方面具有产能提升的空间,以及如何运用 AI 心理引擎提升电话催收的产能(从系统赋能、组织赋能、人员赋能等三方面入手)。

1. 产能提升的空间

现阶段,催收业务发展到了成熟期,从业务角度来说,业绩的提升已经接近天花板。因此,从深入识别客户的角度找到持续提升的空间非常有必要。以下从客户和团队两个方面进行分析。

(1) 从挖掘痛点入手,提升产能

客户是金融机构的财富,金融机构对客户的了解,首先来自客户办理业务时留下的个人资料。挖掘客户痛点要充分利用客户资料和业务数据,包括客户的行业及职位、办理业务种类、欠款原因等,但这还不能对客户进行更好地画像,也不能了解客户的心理。事实上,大量的逾期客户在主观上有意愿还款,但由于对金融机构的做法存在不满,对问题的严重性认识不清,因此才怀着侥幸心理不还款。

如果能够通过前期的沟通,从心理维度更多地了解客户,催收人员会更好地触达客户的痛点。痛点施压即从客户的角度帮助客户分析问题、解决问题,对客观上缺钱、主观上有还款意愿的客户予以规劝。如果提升了这类客户的还款比例,将会大幅度提升催收产能。

(2) 从稳定催收团队入手,提升产能

催收人员是高压职业,一线催收员工队伍的不稳定由来已久。他们不仅需要背负回款的压力、客户情绪的压力,还要符合外部监管部门的合规要求和内部质检的要求。催收的目标是让客户心平气和地还款,可是一不小心就会造成客户的投诉,所以胜任一线催收岗位的员工,既需要熟练的电话催收业务能力,又需要强大的内心承受能力。

我们曾经分析过银行催收团队的离职情况,发现有两个离职高峰:一个是三个月转正前;另一个是工作一年。前者一般是因为业绩不达标而造成快速离职,后者常常是因为员工没有在工作中建立成就感而造成离职。

由此看来,金融机构一方面需要关注招聘时的人岗匹配,找到更多适合催收岗位的人;另一方面需要通过培训辅导,帮助催收人员更快地掌握技能,达成业绩目标。若能有效降低离职率,提高一线催收人员中熟手的比例,自然可以提高工作效率,提升产能。

更好地识别客户可以帮助电话催收团队提升产能,识别客户和团队的赋能方式包括系统赋能、组织赋能和人员赋能。

2. 系统赋能

(1) 引入 AI 客户心理画像及策略系统,实现产能提升

系统赋能可以大幅度提升产能,这是人员能力提升难以比拟的。客户心理画像及策略系统是客户精准分类的识别工具,它能够从多个维度对客户进行分析,可以在线提醒催收人员如何针对客户类型进行沟通、建立客户信任关系、转换客户意愿,从而成功帮助客户解决问题。

客户心理画像及策略系统如图 3.1 所示。

图 3.1　客户心理画像及策略系统

(2) 引入 AI 团队行为改进系统,实现产能提升

一线团队中的绩优者是催收团队的财富,他们不仅业绩好,同时还是其他员工进行行为改进的标杆。绩优者之所以效率高、业绩好,一定是某些行为发挥了作用,而这些行为是可以复制的,若用系统将这些行为识别出来,并让其他员工学习,可以加快其他员工成为熟手的速度,从而实现规模化复制,有效提升效能。

3. 组织赋能

按心理催收"知、情、意、行"模型优化催收流程、催收话术和催收策略,是对催收业务的重大改变,"知、情、意、行"心理催收流程如图 3.2 所示。这里将直接催账施压改变为 4 个环节:进行客户洞察;建立客户的信任关系;转换客户意愿;督促行动。其中,前 2 个环节是新增的。洞察客户通过客户画像系统识别来实现,建立关系和转换意愿通过催收话术的优化来实现。对不同客户匹配不同的话术及策略,大大提升了催收效率。

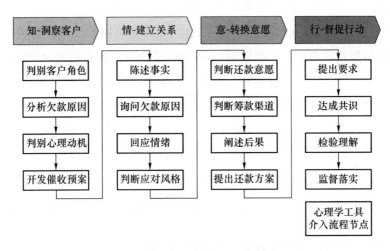

图 3.2 "知、情、意、行"心理催收流程

4. 人员赋能

(1) 优化一线催收人员的能力素质模型

心理学对催收流程、话术和策略进行改造,会提高对催收人员的能力要求。按照"知、情、意、行"的4个阶段,催收人员要具备8项能力:客户洞察阶段的客户分类能力、分析判断能力、言语表达能力;建立关系阶段的社交能力、人际理解能力;转换意愿阶段的施压能力和谈判能力;督促行动阶段的博弈能力。只有具备以上能力,才可以胜任催收岗位,一线催收人员的能力素质模型如图3.3所示。在这些能力中,分析判断能力、社交能力、谈判能力以及博弈能力尤为重要。能力素质模型既可以用于人员招聘,又可用于人员能力提升。

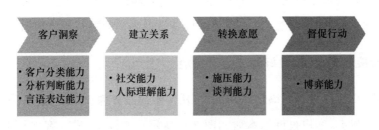

图 3.3 一线催收人员的能力素质模型

(2) 系统化提升管理层、业务层和一线催收人员的能力

只要一线催收人员通过工具掌握了技能,是不是就可以实现产能提升呢?答案是肯定时,但这还不够。实践证明,心理催收是全新的催收模式,管理层、业务层(策略、运营、质检、合规等岗位)和一线催收人员均需要接受心理催收的理念、模式和方法,并将这些方法引入业务规划、策略制定、机制设计和质量管控中,实践到人员培养和岗位认证中。为了专门提升一线催收人员的能力,还需要培养内训师,保障工具和方法的有效运用,从而保证效率和效能的提升。

总之,从客户的精准画像到团队的赋能,AI 心理催收对催收业务的赋能是系统全面的,只有从上到下地统一认识、全面导入,才能最大幅度地提升效能。

3.2.2 AI 心理识别在催收投诉处理中的应用

1. 新冠肺炎疫情对催收投诉处理的挑战直线升级

随着新冠肺炎疫情的持续发酵,企业经营受到急剧冲击,信用卡用户的还款能力明显下降,特别是疫情刚开始的半年时间,企业不能开工导致了爆发式规模逾期。与此同时,反催收联盟在短时间内集结,依靠自媒体的"漩涡效应"形成规模性聚合,利用监管压力和制度漏洞专业"碰瓷",这让很多金融机构措手不及。

当客户通过客服渠道投诉时,摆在投诉专员面前的难点就是,首先要快速鉴别该客户是否为反催收联盟成员,我们可通过一线催收人员与客户的沟通历史记录进行判断,投诉处理专员最好在接通电话前做好相关的准备。

面对投诉升级的难题,充分发挥一线催收人员在催收过程中数据衔接的价值,帮助形成投诉处理专员的"识心攻心"策略成为破解的关键所在。下面从投诉处理的专业角度,分析如何通过 AI 心理技术做好逾期客户的第二道防护墙。

2. 衔接业务上游,做好第二道防护墙

投诉客户往往带着不满情绪和诉求,从客服的服务理念来讲,这部分客户其实是在给企业机会,客户投诉的本质如图 3.4 所示。实际上,进入客户投诉阶段,客户常常非常不满,所以我们首先要安抚好客户的不满情绪。催收投诉处理的过程往往要经过强烈对抗、不对抗、合作等一系列周期演进,实现转折的关键在于能否

与客户建立信任关系、转变客户的态度和情绪,这就需要从"知-洞察客户、情-建立关系、意-转换意愿、行-督促行动"入手,优化作业流程、作业模式以及触达话术。

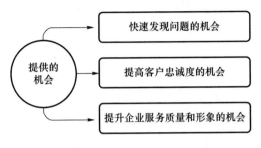

图3.4 客户投诉的本质

一线催收人员作为接触逾期客户第一现场的执行人,如果能够在第一时间对客户进行心理画像,也就可以给接下来的有效"攻心"提供参照。升级的投诉处理亦是如此,在投诉电话接进之前,如果投诉专员就已经把握投诉客户的性格特征、沟通风格、社会阶层和诉求痛点等信息,那么也会为处理投诉提供更加行之有效的"攻心"策略。毋庸置疑,这样能够提高投诉处理的成功率,避免投诉升级。然而,目前大部分的催收团队并未实现"识心攻心"理念和方法的落地。

3. 发挥AI心理数据优势,以心理标签完善客户画像

催收行业的客户信息标签主要是客户个人基本信息和业务行为数据,目前还没有对客户心理维度(客户性格特征、沟通风格等)进行标签管理和升级,处理个案只能依靠个人的临场应变,投诉处理效果存在极大的不确定性。

利用AI心理标签能发挥"识心"效能,通过客户心理画像对客户进行有效分类,可为投诉专员提供投诉客户的心理控制和交流策略的指导。

比如感情用事型客户,他们在面对客服人员时会情绪激动、喋喋不休,听不进别人的劝说,恨不得把所有的不满都归罪于客服,更有甚者还会威胁客服人员。这类客户在语言、情绪、行为和态度方面的主要特征如图3.5所示。面对这类客户,形成有效的解决方法很关键,具体如下。

(1) 理解客户,耐心倾听,真诚道歉,让客户发泄怨气。

(2) 受理投诉,不急不躁,问清客户的问题。

(3) 解决客户的问题,负责到底。

（4）向客户告知结果，表示感谢，让客户感到被重视。

（5）有时还需特事特办，迅速判别处理，避免进入升级流程。

（6）进行客户回访，根据客户上次关注的焦点进行询问，并征求客户意见，表示感谢。

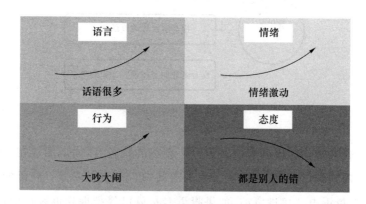

图 3.5　感情用事型客户的主要特征

以上客户心理维度的识别和有效的解决方法表明，我们可以通过人工智能技术实现智能化"识心"，为客服投诉专员提供千人千面的"攻心"策略。

4. 进行智能匹配和派单，充分发挥自身显性优势

催收投诉处理专员的沟通风格、素养、能力、态度、专业擅长等都不尽相同。如果由催收业务数据形成的客户心理画像类型能与催收投诉处理专员的个人风格特征相结合，进行智能匹配和派单，那么，将会充分发挥催收投诉处理专员自身的显性优势，有效降低不确定性，基于心理画像的智能匹配和派单如图 3.6 所示。

这种匹配能充分发挥心理学"知、情、意、行"理念中"知"和"情"的价值。只有真正了解客户，才能更快地安抚客户的不满情绪，更快地与客户建立信任关系，更快地与客户达成合作共识，从而大大提高投诉处理成功率。

催收投诉处理作为催收业务合规和平息客户投诉的第二道防护墙，难度较大，它不仅对催收投诉处理专员的个人能力提出了更高的要求，更对公司管理层的指导和培养提出了专业和技术上的难题。随着催收业务技术驱动转型加快，利用大数据、心理学和 AI 技术，从人的心理维度实现催收业务场景的客户"识心"画像和"攻心"策略的实时指导，实现催收投诉处理专员显性优势的智能匹配，将成为下一

第3章 AI心理引擎重塑催收行业

步抢占市场制高点的转型武器。

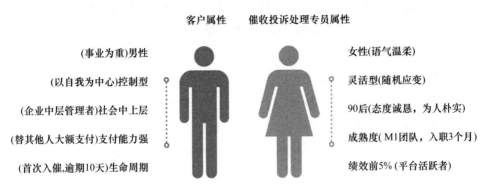

图 3.6 基于心理画像的智能匹配和派单

3.3 AI心理引擎赋能催收行业

3.3.1 组织赋能——管理优化工作坊与策略改进工作坊

金融机构全面导入AI心理催收,需要从体系诊断、管理优化和策略改进入手。我们首先以AI心理催收的体系为标尺,对现有的管理体系进行诊断,提出管理优化方向;然后对现有的催收策略进行诊断,并提出改进方向。在预算和周期有限的情况下,金融机构可以通过管理优化工作坊和策略改进工作坊,高效地发现和解决问题。

1. 基于AI心理的催收管理优化工作坊

(1) 管理优化工作坊的思路

AI心理催收体系秉承"以客户为中心"的理念。在工作场景中导入心理学维度,在催收理念、模式、组织、体系和队伍建设上树立创新的方向和目标,这样既符合行业监管要求,又有助于队伍稳定和业务发展,是管理者破解困局的利器。

管理优化工作坊目标明确、实施高效,能够帮助催收团队管理者快速诊断催收团队管理中存在的问题,准确找到突破困境的方法,有助于催收团队的重塑。

(2) 管理优化工作坊的安排

管理优化工作坊的参与对象一般包括催收委外机构高层、催收团队管理层、运营管理人员、策略开发人员、品控人员、合规管理人员等。

管理优化工作坊的工作安排如下。

① 确认本次工作坊需要研讨的主要议题:包括组织、模式、流程、人员队伍等。由资深咨询顾问担任主持人、访谈催收团队的主要负责人。

② 准备研讨规则、实施流程和内容,形成研讨会演示文件和下发文件。

③ 提前将催收团队管理层进行分组,各组由不同层级和不同岗位的人员组成。

(3) 管理优化工作坊的实施工作

首先由主持人组织参加者进行游戏类的破冰活动;然后主持人讲述 AI 心理催收的理念、相关概念以及本次管理优化工作坊的流程和规则;最后根据议题下发 AI 心理催收相关的阅读材料。

就所分到的议题,各组分别进行研讨,主要流程如下。

① 各小组分工讨论催收团队的现状,归纳总结现存的各类问题,并针对不同的问题提出改进建议。

② 各小组呈现解决方案,主持人引导各小组进行方案修正。

③ 各小组进行方案修正、方案再次呈现。

④ 对提出的方案进行总结。

(4) 诊断框架

在管理优化工作坊实施时,依据 AI 心理催收体系诊断框架,可以更快速、准确地对问题进行梳理。

管理优化工作坊讨论的议题如下。

① 按客户风险等级分类,现有的催收体系是以风险防范为导向的催收体系。

② 现有的催收体系没有采纳人机协同等智能化技术。

③ 现有催收体系缺乏客户心理画像及策略、运营分析和心理催收内训师专业认证,故而对一线催收团队支撑不足。

④ 现有催收人力资源体系没有建立催收人员能力素质模型;没有从人才招聘、配备、选拔和培养等方面进行匹配;没有建立合理的上升通道,人员大进大出,陷入恶性循环。

⑤ 现有催收队伍的创新力、团队凝聚力和士气不足,需要引进先进的管理理念和模式。

2. 基于 AI 心理的催收策略改进工作坊

(1) 项目背景

经济形势影响下,欠款规模不断增加,催收行业较以往面临更高的业绩指标。随着欠款人群年龄结构、收入结构、价值体系不断变化,欠款人群的沟通伪装比例不断提高,原有的催收策略已不能满足业务发展需要。

AI 心理催收策略体系从客户的沟通风格、社会阶层、年龄、还款意愿和还款能力等方面构建逾期客户的心理模型,从而提供差异化的催收策略和方案体系。

基于 AI 心理的催收策略改进工作坊能够帮助催收团队快速找到现有催收策略的问题并予以改进。

(2) 策略改进工作坊的安排

策略改进工作坊的参与对象一般包括委外公司管理层及策略团队、催收部门管理层及策略团队、运营管理人员、品控人员、合规管理人员等。

策略改进工作坊的准备工作与管理优化工作坊类似,差别在于与催收团队负责人沟通的问题是针对催收策略方面的。策略改进工作坊的实施工作流程与规则也与管理优化工作坊一致,只是在研讨的议题和内容上有所差异。在概念和理念的导入环节中,重要的是 AI 心理催收方法论的导入。

(3) 研讨的议题

① 催收客群有什么变化?客群变化后对催收策略有何影响?

② 如何用 AI 心理催收优化现行的催收策略(从客户的心理画像、沟通风格、社会阶层、还款意愿和还款能力等方面展开研讨)?

③ 反催收联盟的应对策略。

④ 催收的工单处理及投诉处理。

⑤ 客群的催收策略及催收话术。

通过工作坊的赋能方式,我们可对现有的催收体系和催收策略进行高效的问题梳理,从而得到改进的建议,达成既定目标的同时缩短实施周期。实施工作坊可能产生的问题是:挖掘问题不够深入,研讨的问题过于分散或过于聚焦;改进建议没有经过科学的标杆研究,不够系统。为了避免出现上述问题,我们可以从两个方面入手:更加重视工作坊的准备工作,提前做好对催收团队的了解和催收案例的总结工作;选择专业的工作坊主持人,要求其具备现场的研讨总结能力和引导能力,并要求其深入掌握心理催收方法论。

总之,工作坊是 AI 心理催收体系导入的重要组织赋能方法,能在催收工作中发挥独特的作用。

3.3.2 专业赋能——发挥催收业务层承上启下的角色价值

1. 催收业务层是整个心理催收体系承上启下的重要角色

催收行业发展已经进入瓶颈期,利用心理催收理念和系统主动"洞察人心"、寻求客户"心动时刻"是催收业务改革的必然方向。催收业务的转型离不开新的经营理念、新的工作方法和与之匹配的专业团队,任何模块的缺失或不足都有可能导致转型失败。心理催收体系的参与角色由上至下包括决策管理层、业务层、实施层。业务层作为整个体系中承上启下的重要角色,同时联动策略、运营、质检、合规等业务部门,它还承担多项工作:向下贯彻和执行管理经营新理念;将新理念融入现有催收流程;优化催收话术及策略;同步运营优化。

2. 催收业务层需要一体化赋能

心理催收体系的落地应用要想真正有效果,需要各个参与角色积极发挥作用。具体来说,心理催收理念是基础,心理催收策略与方法是转型武器,心理催收情绪管理与心态训练、心理催收沟通技能、心理催收谈判技能和心理催收高绩效团队建设是能力保障,而业务层作为"智慧锦囊"的输出源,同样需要在心理催收方面进行专业赋能。一体化赋能内容包括心理催收理念、心理催收策略与方法、心理催收情绪管理与心态训练、心理催收沟通技能、心理催收谈判技能以及心理催收高绩效团队建设,具体如下。

(1) 心理催收理念

将"知、情、意、行"心理学理念融入现有的催收流程中,从而达到高效催收的目的。直白冰冷的传统催收手段会引发客户反感,使其产生习惯性的抗拒。而建立在洞察客户和关系良好基础之上的心理催收,更能拉近与客户的关系、触摸到客户的内心,客户也更愿意继续沟通,而这一转变需要借助心理学的专业工具来实现。心理催收理念的建立和应用转化是业务层开展支撑工作非常关键的一步。

(2) 心理催收策略与方法

心理催收在"知"的环节,需要判断客户的社会角色,结合客户的欠款原因识别客户的心理动机,从而提供更有针对性的催收预案。在"情"的环节,客户沟通风格识别能帮助催收人员与客户快速建立关系,通俗来说,就是我们说的话客户愿意听,并且也能听得进去,这是与客户进一步持续交流的基础,也是避免言语冲突和矛盾升级的有力武器。只有做好了"知"和"情"的环节,再基于心理催收的理念来优化催收话术和方案,在"意"这个环节才能转变客户的还款意愿,进而大幅度提高"行"环节中督促行动的可能性。

(3) 心理催收情绪管理与心态训练

基于心理催收的理念,做好客户情绪的识别和管理尤为必要,特别是在反催收联盟想方设法挑起纷争和银保监会合规监管的情况下,催收业务层需要利用心理学工具提前识别客户的不良情绪,实施应对策略。此外,面对高压催收环境,业务层还需要关注催收人员的心理健康。

(4) 心理催收沟通技能

不同沟通风格的客户类型需要匹配不同的应对策略,比如,对于比较强势的控制型沟通风格的客户而言,若催收人员还要对其加以支配、控制,不仅达不到目的,还会使关系恶化。基于心理催收的理念,催收业务层需要把客户类型进行分类,为催收人员提供因人而异的沟通应对策略,提升沟通效率。

(5) 心理催收谈判技能

在"意"这个环节,充分发挥心理催收谈判技能尤为关键,虽然催收人员基本都具备一定的谈判技能素养,但谈判的准备工作还需要改进。基于心理催收的方法论表明,催收业务层需要分析逾期产生的真正原因和客户的痛点,通过客户的声音特点和行为表现对客户的沟通风格进行分类,有针对性地开发和匹配相应的策略。这会为催收人员接下来的谈判增加筹码,促成客户还款。

(6) 心理催收高绩效团队建设

催收业务规模的暴增以及催收行业一直以来居高不下的流动率,造成了人员需求的巨大缺口,对催收团队的组建和发展提出了很高的要求。帮助新员工更快适应和融入新环境、激活老员工的自我内驱力、改善团队内部冲突管理、充分发挥心理催收的价值成为竞争领先的关键,这同样需要催收业务层的足够重视和行动。

3. 充分发挥心理催收训练营的赋能优势,提升催收业务层的输出价值

心理催收训练营采用资深讲师现场授课、学员现场演练的内训形式,大量的现场催收录音分析能帮助业务层及时发现问题、总结规律。集中化的训练营形式能更好地融合心理催收的工作方法论,为业务工作提供有效的分析依据。心理催收一体化赋能体系从理念到方法再到能力的专业赋能,为业务层提供了正确的改进和优化方向,它同时能够充分利用催收业务层的中枢属性,提升催收业务层的输出价值。

3.3.3 讲师赋能——AI心理催收内训师岗位认证

AI心理催收内训师岗位认证是AI心理催收落地推广中的一项重要环节,通过认证专业赋能资深催收人员和小组长,可以帮助他们理解并掌握心理催收的策略和方法,这在心理催收体系的实施中具有落地支撑的作用,可有效地将策略和方法传递到催收一线。

AI心理催收内训师岗位认证的课程体系包括心理催收的策略与方法、情绪管理与心态训练、沟通技能提升和谈判技能提升。四门核心课程均以心理学在催收场景的应用为主线,以提升技能和解决问题为目标。AI心理催收内训师岗位认证的课程体系与目标如图3.7所示。

图3.7 AI心理催收内训师岗位认证的课程体系与目标

1. AI心理催收内训师的价值

对于金融机构来说,通过认证课程的设计与实施,可以更准确地把握AI心理催收人才的整体能力与知识水平,进而为后续培训开发、人员激励等工作提供支撑,为后备人才培养做足准备。对于管理层来说,通过 AI 心理催收内训师的认证,可以提升催收团队的整体能力水平,助推内部专家的打造,为催收团队遴选优秀人才,为人员招聘的岗位调配、薪酬激励等提供依据,进而保证团队的活力。对于催收人员来说,AI 心理催收内训师的认证有助于评估人岗的适配性。根据不同催收人员的认证结果,我们可以为其提供个性化的职业发展建议。

2. AI 心理催收内训师的岗位认证

(1) 公开课

心理催收的通用课程面向金融机构和委外机构的管理层、催收团队的业务层,由资深心理催收专家线下公开讲授。

(2) 内训课

针对心理催收方法论、催收角色扮演、催收的策略与方法等主题开展工作坊,以资深讲师现场授课的形式,对金融机构的案例进行分析,课程内容根据需求而定。

(3) 能力测评

能力测评采用能力量表和心理测评的形式执行。参与 AI 心理催收内训师认证的人员,需要在规定时间内独立完成相应的能力量表和心理测评量表,并以此对个人能力进行客观的、可量化的评估,为下一步认证考核环节做准备,供专家在认证考核中参考。

(4) 认证考核

经过通俗易懂的公开课与专业实操的内训课等辅导后,参训人员需参加岗位认证考核,对心理催收课程相关内容进行试讲。专家结合其试讲的状态与表现进行评价和考核,只有得到了专家的认可,才能正式成为企业的 AI 心理催收内训师。

3. 未来展望

(1) 形成常态化认证机制

AI 心理催收内训师全面认证结束后,针对新一批需要认证的一线催收人员,要形成先认证、后上岗的机制。

（2）建立 AI 心理催收内训师持续培养机制

每年组织开展 AI 心理催收内训师强化培训，使 AI 心理催收内训师成长为团队里的专家骨干，并鼓励其在催收机构中担当讲师、辅导员等多种角色，从而带动更多的一线催收人员，帮助他们提高理论基础，提升催收技能。

（3）建立一线催收人员职业发展通道

在一线催收人员应知应会的基础上，我们应制定中级、高级技能标准，逐步建立一线催收人员职业发展通道，并实现岗位技能、员工发展和薪酬挂钩的培养与激励机制。

（4）开展应知应会培训认证

对于金融机构内专业序列及其他管理序列的岗位人员而言，除了催收技巧、情绪管理、谈判技能等一线岗位的知识技能认证达标外，也应逐步开展 AI 心理催收应知应会培训认证，逐步建立专业序列及其他管理序列岗位人员的培训体系与职业发展通道。

AI 心理催收内训师的技能水平直接影响催收团队的业绩和客户服务的满意度，与金融催收机构持续健康发展息息相关。因此，我们必须坚持 AI 心理催收内训师的认证工作，不仅要进行岗位心理催收应知应会的培训与认证达标，还应持续开展更高标准的培训认证。同时，我们要利用精准痛点挖掘的催收技巧和以客户为中心的服务来协助逾期客户解决问题，进一步提高回款率和客户满意度。

在未来的发展中，金融机构将充分总结过往经验，加强行业间心理催收优秀经验的交流与学习，持续打造 AI 心理催收内训师发展与培养体系，为金融机构持续输出具有行业影响力的专家及优秀管理人员而不懈努力。

3.3.4 系统赋能——逾期客户 AI 心理识别与策略系统

全面导入 AI 心理催收体系，很重要的一环便是系统赋能。系统赋能就是应用语音识别和机器学习等技术，将心理催收方法论应用于逾期客户 AI 心理识别与策略系统中，并与催收业务系统进行对接，从而达成对催收业务的赋能。

我们之所以在组织赋能、团队赋能的同时进行系统赋能，最关键的原因是 AI 技术为提升产能提供了可能性：一方面，在线工具有助于提升工作效率，突破人工操作的限制；另一方面，在催收人员大进大出的情况下，系统的使用可以快速提升新员工的能力,从而弥补部分人员流失带来的产能下降。

逾期客户 AI 心理识别与策略系统的架构如图 3.8 所示。本系统以公有云或私有云部署的方式提供服务,通过 API 或 SDK 接口协议与银行的催收工作业务系统进行数据的交互。由图 3.8 可知,采集的数据经过清洗后进入 AI 心理引擎进行分析,之后输出对应的心理画像结果。根据不同的业务需求,心理画像在数据中心匹配不同的策略,并结合当前的业务场景,输出整套催收策略(针对逾期客户)或行为改进策略(针对催收业务人员)。客户心理画像前期主要由专家贴标签,之后,客户心理画像数据库则主要由 AI 心理引擎的机器学习来丰富和优化。

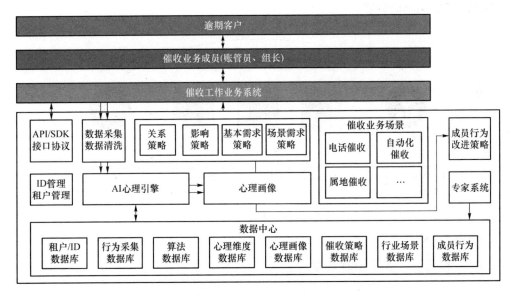

图 3.8　逾期客户 AI 心理识别与策略系统架构

1. 知彼——客户心理画像

当前催收业务的一大瓶颈是催收人员对逾期客户的痛点挖掘不到位,从而导致无法真正打动客户。将客户心理画像及策略模块嵌入催收业务系统,利用采集到的客户数据为逾期客户进行心理画像,并结合催收业务场景为催收人员匹配相应的催收策略,这样可以更好地确定客户的沟通风格,挖掘客户的痛点,扭转客户还款意愿,最终实现个人产能提升。

对于每个案件中的逾期客户本人及第三方联系人,在客户心理画像及策略模块中都会有一份心理识别及策略报告。心理催收的过程如图3.9所示。

（1）利用与催收业务系统交互获得的数据，形成初步的心理画像及策略，如基础的催收方案、催收流程和示例话术等。

（2）在催收人员与客户沟通的过程中不断采集数据，如对客户行为表现的判断及基本信息（社会阶层、心理状态等）的补充。

（3）随着信息的不断完善，心理画像也应实时进行动态调整，并据此输出更具针对性的策略，如沟通应对策略、详细的催收方案及个性化的示例话术等。

（4）催收人员可以根据沟通的结果对策略进行反馈，而这些反馈将成为策略纠偏和策略调整的依据。

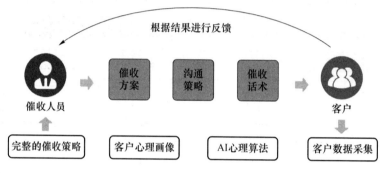

图3.9 心理催收过程概要

2. 知己——员工心理画像

催收人员的高离职率导致人才流失严重。其中，绩优人员是不可多得的人才，团队的领导者不仅要发掘这样的人才，还应该尽可能地在团队中批量复制这样的绩优人才，从而实现整体产能的提升。因此，策略系统中的团队行为改进（员工心理画像及策略）模块应运而生。

催收团队的绩优者是其他成员学习的标杆，绩优者提升催收业绩的关键行为可由团队行为改进模块识别出来。该模块将对多方数据进行整合，从多个维度为团队内的每位成员进行心理和行为画像，并根据画像结果生成团队和个人的行为改进报告，指出当前存在的问题（如工作中关键行为是否执行到位、个人心理状态是否良好等）及相应的改进措施。之后，团队领导（通常为团队小组长）据此实施线下指导。

由于心理画像及提升策略是阶段性循环输出的，因此它可以持续帮助员工实现能力提升，从而规模化提升团队产能。行为改进过程概要如图 3.10 所示。

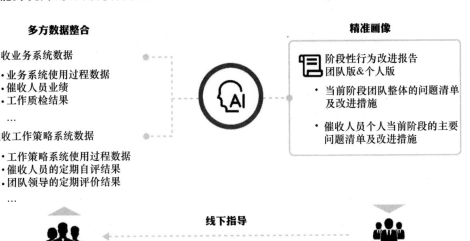

图 3.10　行为改进过程概要

3. AI 心理引擎是百战不殆的保证

AI 心理引擎是逾期客户心理画像及策略系统的重要组成部分，AI 技术的发展及应用也是该系统持续为催收业务赋能的关键保证。

人工智能有三要素：算法、算力和数据。算法是为了给算力指路，数据是为了给算力提供"材料"。接下来，我们将分别从数据和算法的角度来进行产品的升级迭代，包括但不限于以下内容。

（1）增加数据采集的维度，从更多的角度实现有效数据的采集，实现交叉验证及纠偏。

（2）改进采集手段，如通过电话沟通中的语音、语调、关键词等信息自动完成对情绪的识别和采集。

（3）持续更新机器学习的算法。

（4）持续改进心理画像模型。

以 AI 为代表的新兴技术能有效帮助释放人工的产能，并使得团队产能大幅度稳定提升。相信在不久的未来,随着 AI 心理引擎的升级,逾期客户心理画像及策略系统将成为各大银行催收部门必备的工作利器,并将持续为整个行业赋能。

3.3.5 一线赋能——PEDA 心理催收的微课体系

对于一线催收人员而言,最便捷、最体系化的赋能方式就是线上微课。PEDA 心理催收微课体系围绕心理学基本理论"知、情、意、行"展开,它结合催收人员的岗位胜任力模型,在心理催收实施的每个环节中进行专项赋能,受到了银行催收管理层及员工的认可和好评。

根据 PEDA 岗位胜任力模型,催收人员应当具备八项岗位能力,它们分布在"知、情、意、行"的各个环节,如图 3.11 所示。

图 3.11 PEDA 岗位胜任力模型

心理催收"知、情、意、行"四大赋能模块课程围绕 PEDA 岗位胜任力模型进行设计,课程内容将根据环境变化和行业需求进行持续迭代和调整,一线催收人员可结合自身短板、个人兴趣及岗位能力发展需求等选修对应的课程内容,不断更新自我催收业务的知识库。

1. 洞察客户系列的赋能微课

客户分类能力指识别不同客户的社会角色和应对风格,对客户进行分类的能力。AI 心理催收微课中"逾期客户沟通风格识别"与"逾期客户社会角色与痛点识别"旨在提升催收人员的客户分类能力。

分析判断能力指对客户信息及欠款原因进行剖析、分辨和判断的能力。AI心理催收微课中"逾期客户情绪识别"与"不同阶层欠款原因和行为习惯"旨在提升催收人员的分析判断能力。

言语表达能力指把客户的欠款信息以及自己的想法和意图等,通过对话、讨论等方式清晰明确地表达出来,并能让客户理解的能力。AI心理催收微课中"催收人员与第三方沟通的技巧"旨在提升催收人员的言语表达能力。

2. 建立关系的赋能微课

社交关系能力指能够与客户及可能有助于完成工作目标的人进行服务交互,并与其建立或维持友善、和谐关系的能力。AI心理催收微课中"催收人员有效提问的方法""催收人员有效倾听的艺术""催收人员自我风格优化""催收人员压力管理与积极心态塑造"旨在提升催收人员的自我管理和社交关系能力。

人际理解能力指能够体会和理解客户及他人的思想、感情与行为,通过客户或他人的语言、语态、动作等挖掘其未表达的情感,并采取合适的语言帮助其合理表达情感的能力。AI心理催收微课中"逾期客户信任关系建立""逾期客户的情绪应对""逾期客户沟通风格应对"旨在提升催收人员的人际理解能力。

3. 转换意愿的赋能微课

施压能力指挖掘客户的痛点,找准施压点并采取差异化施压策略的能力。AI心理催收微课中的"逾期客户痛点施压方案"与"催收人员匹配催收方案的施压话术与案例"旨在提升催收人员的施压能力。

谈判能力指在谈判前能够收集相关资料信息,做好充足准备,谈判过程中能够运用谈判技巧与客户沟通,最终达到预期目标的能力。AI心理催收微课中的"催收人员磋商谈判赋能"与"逾期客户间接筹款渠道的使用策略"旨在提升催收人员的谈判能力。

4. 督促行动的赋能微课

博弈能力指能够在公司与客户之间相互制衡,根据所掌握信息及自身能力的认知,做出有利于公司决策的能力。AI心理催收微课中的"锻造获取有效承诺的能力"与"催收人员分歧处理赋能"旨在提升催收人员的博弈能力。

心理催收系列微课程每节课 10 分钟左右,授课内容包括心理催收知识点、心理催收实战方法论以及心理催收经典案例。心理催收系列微课程不仅能够满足催收人员自我提升的需求,同时还能帮助催收人员掌握匹配客户沟通风格的心理催收技巧,从而促进团队业绩提升。

3.4 AI 心理引擎在催收行业中的应用方法

3.4.1 关系搭建——建立与逾期客户的信任关系

在"知、情、意、行"心理催收流程中,关系搭建是非常重要的一环,这是区别于传统催收的关键能力。搭建信任关系主要从以下三方面入手。

1. 坚持好的理念和特质

催收团队要坚持好的理念,引导逾期客户走正路。我们应有"好的意图","好的意图"是一个很重要的出发点,我们的初衷是向逾期客户施加好的影响,从而帮助其还款,恢复正常生活,而不是试图控制对方。催收人员还要坚持良好的特质,在建立信任过程中,既要富有同情心,又要有专业性和原则。

2. 提升自己

催收人员只有不断提升自己,才能更好地引导逾期客户走上正途。我们要保持乐观的心态,相信客户并非有意赖账;我们要给予客户适当的关心,理解客户处境,关心客户真实的意图;我们要充满自信,相信自己的专业能力能够帮助逾期客户解决问题;我们要保持真诚的态度,乐于向客户分享自己的经验,并积极帮助客户解决问题。

3. 建立信任的沟通策略和话术——FREE 四步法

FREE 四步法包括:第一印象(First Impressions)、融洽的关系(Rapport)、情

感连接(Emotional Connection)、发挥影响力(Exertion of Influence)。

(1) 创造良好的第一印象

让人信服的过程,往往在我们刚接触到他人的那一时刻就开始了。第一印象就好像是给一个人盖章,它形成了关系的基础。为了给逾期客户创造良好的第一印象,催收人员需要从语言、行为两方面入手。

在语言方面,催收人员应该多使用有正向感染力的、积极的词语。催收人员的用词可能对逾期客户产生很大的影响。如"您能做到吗?"和"您怎样才能做到呢?"是两种不同的语句。"您能做到吗?"质疑了逾期客户的还款能力,将对方的注意力引向了还款能力不足上,导致逾期客户产生对抗心理,从而不能完成回款任务。而"您怎样才能做到呢?"则假定对方已经具备解决欠款问题的能力,促使对方想方设法完成还款。

积极的、有正向感染力的词语可以让对方感觉到被赞美,容易让对方产生正面情绪,改变对客户的称呼也能很快拉近距离。例如:当称呼客户为"王姐""李哥"时,可以让人倍感亲切;当以职位称呼客户时,如"王总""张主任"等,可以让人感到被重视。

在行为方面,尽管催收人员只是通过电话与逾期客户沟通,但在电话沟通的过程中,催收人员的一些行为也有助于向客户创造良好的第一印象。

催收人员应微笑着与逾期客户交谈。微笑是表达"我喜欢你"最快、最简单的方式。微笑不仅可以使你更有吸引力,还可以使你的心情变好,从而轻松地散发出积极的力量。催收人员应表现出开放、接纳的姿态。根据相互原则,你的开放姿态也很可能得到逾期客户同样的回应。

(2) 建立融洽的关系

建立融洽的关系,首先要提出好的问题。为了了解逾期客户的真实想法,最好提问开放式的问题,避免答案只有是或否的问题。例如:您觉得怎么样?这是什么原因呢?您是如何做的呢?

建立融洽的关系需要给对方留出倾诉的时间。催收人员经常犯的错误就是不给客户讲述的机会,而逾期客户往往有苦水需要往外倒,需要倾诉。催收人员应耐心地倾听,并在必要时给出合理的回应、理性的分析。

在客户倾诉过程中,我们首先要找到转折点,厘清客户真正的诉求,然后再进入下一环节。

(3) 情感连接

前面两个环节完成之后,我们便可以进入加强情感连接的环节。情感连接帮我们发现什么对他们来说最重要,并将双方关系推进到信任区间。

首先,我们要努力找出逾期客户真正在乎和关心的事,我们可以尝试采用询问的方式。例如:"现阶段,什么对您来说最重要呢?""目前,您优先考虑什么事?""如果您可以选择做任何事,您会做什么呢?"。

然后,我们要主动与对方交谈其恐惧的事情,例如:"是什么阻碍您如期还款呢?""您目前遇到的最大的挑战是什么呢?"。

最后我们可以提问那个神奇的问题:有什么我能帮到您的吗?无论答案是什么,这个问题都有助于在你们之间建立信任,因为这表明你在用自己的能力和资源来帮对方想办法。

(4) 发挥影响力

如果前面三步做得很好,这一步便水到渠成。大多数情况下,一旦我们打开逾期客户的心扉,他们就会配合我们的工作,我们便可以向对方提出要求。

与逾期客户沟通时,我们要改变对他们的形容词,如把"说谎""回避""不配合"试着变成"配合""积极",或者可退一步将其变成"善良""被误解"。改变对逾期客户的形容词,将有助于建立良好的信任关系。

这里要说明的是,如果仅通过一步就建立了信任,那么我们就没有必要在关系环节纠结,可以试着对客户施加影响。如果在讨论还款方案时,客户又开始情绪不佳,配合度不够,那么我们可以返回建立信任的环节,处理好情绪和配合度后,再进行方案的确认。

总之,催收人员与逾期客户的信任关系是良好沟通的基础,我们要掌握建立信任关系的方法,相信客户,相信自己,让客户打开心扉,接受我们的建议。

3.4.2 有效施压——促进客户还款的关键动作

"知、情、意、行"心理学模型在催收场景中的有效性得到了验证。当催收人员与逾期客户建立了信任关系后,转变客户的还款意愿就成了首要任务。在此环节中,促进客户还款的关键动作是对客户进行有效施压。具体的施压方式包括抓取客户痛点、用同理心与客户对话或多种方式结合等。对客户进行有效施压,可以促成客户的意愿转变,实现客户还款的目的。以下就施压环节的内容展开说明。

1. 概念

(1) 还款意愿

何为意愿?从心理学角度来说,意愿是指一组启动个体行动,并支持个体向着目标,沿着既定的路径持续前进的自我信念系统,是一组个人达成某个目标的信念和认知。按此定义,逾期客户的还款意愿指的是逾期客户为了达成还款目标而产生的一系列行为的信念和认知。意愿有强弱之分,还款意愿越强,越可以支配行为,逾期客户越会通过各种努力来达成还款目标。相反地,如果客户还款意愿不强,那么,即使客户现在有能力偿还欠款,也可能找出各种理由拒绝还款。由此可见,客户的还款意愿对催收工作至关重要。

(2) 痛点

痛点这个词经常用在营销场景中。痛点,顾名思义,就是痛苦的点,是用户在使用产品或服务时感到不满的,甚至感到痛苦的接触点。从更广泛的角度看,当一个人的现实状态达不到理想状态时,就会产生问题空间。而现实状态和理想状态的差距有两个根源:一个是理想状态提高了;另一个是现实状态变糟了。这两种变化都会使人产生问题空间,痛点就散落在这个问题空间里。从这个角度讲,痛点不仅可以用于营销场景,还可用于催收场景。在催收过程中,如果可以抓住客户的痛点,让客户有意识地去改变不平衡的状态,激发客户将可感知的痛点感受转化为内在的需求及认知,就能促进客户还款意愿的转换,最终实现还款的目标。

(3) 共情

共情,也称同理心、同感、同情等,指体验别人内心世界的能力。共情包含三个方面的含义。

① 借助对方的言行,深入对方内心,体验对方的情感和思维。

② 借助知识和经验,深入把握对方的经历和人格之间的联系,更好地理解问题的实质。

③ 把自己的共情传递给对方,以影响对方并取得反馈。

在催收过程中,共情主要表现为理解、接受客户的情感。通过与客户的共情,我们可以让客户减少抗拒。用共情的方式影响客户,可以让其还款意愿发生转变,从而实现还款目标。

2. 有效施压

客户还款意愿的转变,有赖于催收人员的有效施压。具体的施压方式如下。

（1）痛点施压

在催收过程中,催收人员接到案件后,第一时间会对客户的基本情况进行了解,然后再通过电话与客户进行沟通,督促客户进行还款。在这两个环节中,抓取客户痛点的重点如下。

① 在客户基本情况了解环节抓取客户痛点

此环节中,催收人员可以通过催收系统中记录的客户资料,按大类对客户某些共性的痛点进行判断。依据客户的年龄信息、社会阶层信息、社会关系信息等得出客户的静态画像,判断客户可能存在的痛点。例如,现有一位 90 后逾期客户,年收入 4 万左右,逾期欠款将近 1 万,系统中留有其母亲的联系方式。系统初步判断该客户的痛点在于生存,由于年龄尚小,征信对其重要性很大。因此,催收人员要在催收过程中了解其还款能力,强调征信的重要性,适当引导客户采用第三方代还的方式。

② 在与客户电话沟通中抓取、辨别客户的痛点

在电话沟通中抓取客户的痛点相对较难,但仍然有迹可循。了解痛点产生的机制后,也就大致清楚了抓取客户痛点的路径。

我们要拔高客户的理想状态。在沟通过程中,如果客户关注后续信用卡能否继续使用,那就强化他继续使用欠款信用卡的愿望。若不能继续使用此信用卡,则必然引发问题空间,而继续用卡就是客户的痛点;若客户关注征信,那就强化征信受损的危害及征信修复的困难,引发问题空间,而征信维护就是客户的痛点。

我们要让客户认清现实状态。在很多时候,客户现实状态和理想状态的平衡没那么紧要,在相对宽松的情境中,客户往往有本能的惰性,不能积极处理所欠的款项。这种时候,如果我们可以让客户清楚了解继续欠款会导致糟糕的现实状态,甚至会毁了他的正常生活,那么,我们可以更好地帮助客户判断现实状态,引发问题空间,而避免生活糟糕就是客户的痛点。

（2）共情施压

在电话催收过程中,如果客户陈述了他的困难,但是催收人员没能及时响应,这往往可能导致催收进入死胡同,不仅不能收回欠款,还可能导致投诉的产生。此

时,共情就体现出了重要性。遇到此种情形,建议催收人员运用共情,体谅客户情感,拉近距离,进而促进客户还款。具体方式如下。

① 深入了解对方的处境,设身处地体会客户的情感,向客户表达关心。

② 允许客户发泄情绪,倾听客户陈述,让客户将情绪释放或转移,从而更好地建立关系,施加影响。

③ 对客户的情感表示理解和尊重,以同理心安慰客户,促进客户意愿转变。

我们要让客户把情感表现出来,并对客户进行体谅与关怀,同时还可以根据客户的陈述获取有用的信息,并将信息整合应用,最终转变客户的还款意愿,实现还款目标。

(3) 多种方式结合施压

在催收过程中,施压是基本每通电话都会涉及的动作。有效的施压并不代表着一味采用高压政策,也不是制造紧迫的情境,让客户感到紧张。催收过程中,如果已经找到了客户的痛点,我们可以结合痛点来对客户进行有效施压;如果客户有强烈的情绪表达,我们可以应用共情,体谅客户的情感并对客户进行有效施压;如果客户有强烈的情绪表达,我们也可以先运用共情了解客户的痛点,然后再进行有效施压。

有效的施压是通过恰当的方式向客户传递关键信息,让客户意愿发生转变,进而完成还款动作的施压模式。针对不同的客户,我们要采用不同的应对策略,以达到最佳施压效果及催收效果。

如果每个催收人员都能认真对待客户的还款意愿,并灵活应用催收技巧,对客户进行有效施压,催收工作一定可以得到有效提升。

3.4.3 把控谈判压力点——提升催收人员的谈判能力

2020~2021年,新冠肺炎疫情肆虐,经济发展速度降低,造成了方方面面的影响:人们的钱袋子受到了恶劣的影响,欠款人收入减少,还款意愿降低;银行账款积压较多,催收人员不得不面临较以往更高的业绩考核压力;寻找法律漏洞和采用催收策略的反催收组织不断涌现,这对逾期客户心态造成了巨大影响,增加了催收人员的催收阻力。逾期客户群年龄结构、收入结构、价值体系的不断变化,以及逾期客户群沟通伪装比例的不断提高,使得原有的催收谈判策略不能满足现有的业务发展需要。

1. 谈判的不同场景

催收人员想要破除谈判僵局,当务之急是提升谈判能力。下面以两个磋商谈判场景为例进行详细说明。

(1)催收场景一:陷入僵局的谈判

催收人员在不清楚逾期客户跟进进度的情况下,便在通话中直接盘问客户:"××先生/女士,您目前的欠款金额是××元,您上周答应今天中午之前还款,为什么没还?您是否知道,这样的行为将导致征信受损,并且有可能承担法律责任?"这样一连串的提问很有可能让欠款人感到愤怒或为难,从而促使其采取沉默的方式,使谈判陷入僵局。

(2)催收场景二:达成目标的谈判

催收人员通过查阅跟进资料,获悉逾期客户是国企管理干部,属于亲和型沟通风格的客户,目前正在找亲戚借款以解燃眉之急,催收人员平和地致电询问筹款进度,并提供匹配客户需求的还款方案。例如:"××先生,您好,我是××。一周前,您反馈家里突然有大笔的经济支出,导致资金周转困难,您正在向亲戚筹集资金,请问现在进度怎样呢?您是国企单位管理者,重信誉、守承诺,短期出现资金周转困难可以理解。根据您的情况,我特意向领导申请了方案,既能缓解还款压力,又能使征信不受影响,您想了解一下吗……"在这样的沟通下,客户欣然接受了催收人员的建议,并在银行催收人员的引导下,如约偿还第一笔款项。

场景一中,催收人员把逾期客户当成敌人,一连串提问使得谈判陷入僵局。场景二中,催收人员通过与逾期客户建立信任关系,及时抓住客户需求,提出匹配痛点的方案,获得了客户的高度认同,这才是有效的谈判。

2. 磋商谈判三问

怎样才能使催收谈判更有效?我们可以从磋商谈判的前期、中期、后期入手。

(1)磋商谈判前

① 了解跟进情况,提升沟通效率。场景一中,催收人员没有了解前期跟进情

况,沟通缺乏延续性,导致逾期客户对催收人员的强势施压非常反感。场景二中,催收人员拨打电话前先查阅信息,有助于做好后面的沟通衔接,提升了客户接纳度。

② 了解逾期客户情况,形成客户心理画像。场景一中,催收人员缺乏共情和换位思考,导致磋商谈判不欢而散。场景二中,催收人员基于逾期客户情况挖掘痛点,有效提升了催款沟通效率。

③ 根据客户痛点,提前设定对策。场景一中,催收人员直接催款导致谈判陷入了僵局。场景二中,催收人员根据前期沟通,估计出了对方可能接受的还款方案,同时结合机构可以给出的政策及让步,设计出了最佳对策,促进了还款目标的达成。

(2) 磋商谈判中

① 建立信任关系。当沟通双方处于敌对状态时,沟通常常难以持续。只有磋商的双方站在统一战线,才能更快速地打开逾期客户还款意愿的开关。由此可见,催收工作的第一步不是强势地要求对方还款,而是先维护好关系,创造良好的沟通场景,建立信任关系,这才是谈判有效进行的基础。

② 让逾期客户掌握话语权。只有逾期客户想要主动解决问题,催款沟通才能达到效果,因此,催收人员应当把话语权交给客户,多听少说,以便清晰地了解对方的真实想法和资金状况,进而引导客户运用资源解决问题。

③ 挖掘逾期客户痛点。场景二中的催收人员带着技巧进行沟通,主动了解逾期客户的核心诉求,最终找到了突破困局的方法,与场景一中漫无目的的僵化沟通形成了鲜明对比,这也是心理催收优于传统催收的原因。

④ 先跟后带式沟通。先跟后带是快速建立情感连接的方法,在沟通中,先肯定对方的情绪和态度,然后再带出个人观点,这种委婉提建议的方式更容易获得逾期客户的认同和信任。

(3) 磋商谈判后

① 跟进还款进度。协商好还款方案后,催收人员对方案落地应保持紧密关注。

② 适时给予建议。逾期客户筹款过程中出现困难或突发事件时,催收人员应及时干预,确保款项顺利到账。

3. 谈判压力点的把控

在催收谈判中,有些压力点会直接对谈判结果造成影响,了解这些压力点,可以帮助催收人员更好地把控谈判进程。

(1) 时间压力

在谈判中经常看到这样的情况:双方所作出的约80%的让步都是在最后约20%的谈判时间中完成的。在遇到时间压力时,人们通常会变得更加灵活。同时,对方在谈判中投入的时间越长,他们就越接受你的某些观点。结合催收场景,催收人员要在工作中充分应用这个压力点,不要电话一接通就急于抛出各种方案,而是要在前期花时间了解清楚客户的一些基本情况,后期再切入与客户的还款方案,督促客户做出还款承诺。

(2) 信息权力

在进行谈判过程中,一方对另一方了解越多,获胜的机会往往也就越大。因此,催收人员在与逾期客户进行电话沟通时,不要害怕向客户提问,要尽可能多地了解客户的信息。如果客户不想透露某些信息,他们可以不回答,可是即便他们不回答,你也可以从他的态度及应对中获取一些信息。

(3) 中途离开

在所有的谈判施压方式中,这一条最为有力。用随时准备离开的姿态,对谈判对方进行施压,摆出不是马上要做的态度。因为催收人员联系逾期客户有难度,所以催收人员恨不得马上搞定联系到的客户,以免节外生枝。如果催收人员一定要将谈判进行到底,就会错过中断谈判的最佳时机,使这次通话失效。催收人员需要注意:当你准备中断谈判时,一定要保持语调温和,你的目的只是让对方感觉你随时可以停止谈判,而不是真的要停止谈判。

(4) 最后通牒

最后通牒是一种非常高调的谈判方式,那些没有经验的客户在接到最后通牒时往往会吓一跳。催收人员比较偏好运用这个方式,但必须要注意的是,要想让最后通牒真的生效,必须做好将其付诸行动的准备。因此,催收人员要慎重运用这种方式,除非到了真正的"最后通牒"时刻。

既然一己之力无法改变宏观环境,我们不如着眼于每一次沟通的有效性,做好磋商谈判前的准备、实施和跟进,并把控压力点,逾期客户回款率定能有所提升。

3.5　催收行业人员的能力提升以及催收团队的绩效提升

3.5.1　有效提升催收人员处理分歧的能力

在欠款催收过程中，催收人员难免会与客户在还款方案等问题上产生分歧。一般来说，催收人员催收的基本原则是重合同、守信用，以欠款事实为依据，以借款条款为准绳，这也是保护客户利益和约束其行为的法律依据。然而，若欠款人由于自身原因而不能马上处理欠款，则要求催收人员在现有条件下，妥善处理好与客户的分歧，把握破解欠款催收僵局的机会。

1. 正确看待分歧，更新观念

催收过程中，催收人员会不可避免地与客户有不同意见、不同需求和不同利益的碰撞。催收人员应正确对待碰撞过程中产生的分歧，不能一味回避，同时应该看到分歧的积极作用。

从某种意义上来说，有意愿还款的客户才会提出各种各样的意见，沟通中的分歧并不一定都是坏事，多种分歧正是客户真实问题的反映，能够给催收人员提供多种解决问题的思路。通过和客户探讨不同的问题和方案，催收人员把客户反馈的不同信息汇聚到一起，能够更全面、客观地看待客户的欠款问题。如果催收人员与客户不存在分歧，或者催收人员在与客户有不同意见时选择妥协，那么，尽管和客户维持着表面融洽，但久而久之客户的欠款问题就会更加严重，最终导致问题得不到解决。因此，催收人员一定要更新观念，以正确的态度看待分歧。

2. 识别分歧根源，对症下药

每一种分歧都是客户还款意愿和能力的结果，催收人员应努力地判断分歧产生的原因，对症下药，与客户一起寻求最佳的还款方案。

社会心理学家弗里茨·海德（Fritz Heider）曾提出一个平衡模型，也叫作P-O-X模型。P-O-X模型总共有八个，其中P代表我们自己，O代表他人，X代表第三影响因素,"+"号代表正向关系,"-"号代表负向关系。基于 P-O-X 理论的不同状态下的三角形如图 3.12 所示,其中序号为 1~4 的三角形为平衡状态,序号为5~8的三角形为不平衡状态。

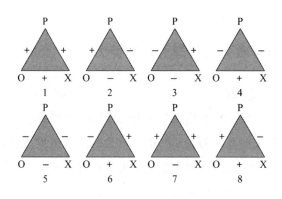

图 3.12　基于 P-O-X 理论的不同状态下的三角形

弗里茨·海德认为:在平衡状态下,意味着稳定,人与人之间交往的阻力相对较少;在不平衡状态下,意味着不稳定,人与人之间相处容易产生矛盾,这也是我们产生分歧的根源所在。

同时,模型也会自发地由不平衡状态向平衡状态过渡,在状态转变的过程中,模型遵循最小费力原则,我们可以利用这点来判断关系的大致走向。例如,你和O(客户)合得来,能接受 X(今天下午 3 点前处理欠款),但是 O(客户)不希望 X(今天下午 3 点前处理欠款),此时模型不平衡。如果 O(客户)为人随和,比较容易接受 X(今天下午 3 点前处理欠款),那么遵循最小费力原则,我们稍微施压,客户可能转变还款意愿,从而可以判断模型最终会过渡到三者共存的平衡状态。但如果O(客户)性格非常倔强、强势,而且这个 O(客户)对你来说也是很重要的客户,那么模型就更容易过渡到只有一种正向关系的平衡状态,也就是你需要调整 X(再次和客户商量一个他能处理欠款的时间)。还有最后一种情况,如果你也很强势,必须坚持 X(今天下午 3 点前处理欠款),那么,你和 O(客户)很可能会谈崩,正向关系大概率转变为负向关系,从而使得模型平衡,但这种结果我们都不希望出现。上述三种情况如 3.13 所示。

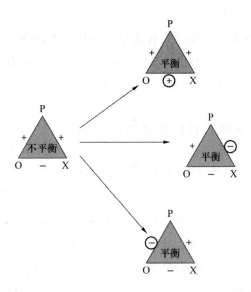

图 3.13　由不平衡状态过渡到平衡状态的路径示意图

3. 尊重客户的分歧，提升信任度

当催收人员与客户产生分歧时，客户都希望催收人员能认同自己的观点、理解自己的困难，同时希望得到帮助。催收人员则希望提供的还款方案能被客户认可，有时候会忽略客户的意愿甚至会歪曲客户的看法。客户因为催收人员不断质疑自己，难免会出现恐惧、气愤或忧虑等情绪，当感到受威胁时，还会变得格外坚强，固守自己的立场。

这时催收人员可以让客户把自己的想法表达出来，甚至让他们把因分歧而产生的恐惧、愤怒完全宣泄出来。同时，催收人员还要认真地听取客户的想法，并对客户的难处表示理解，不能直接或间接地对客户进行评价，在弄清事实之前不能妄下结论。

我们可以尽量鼓励客户，让客户做出还款承诺。同时我们也需要肯定客户，强调客户是一个"信守承诺、重视承诺、言出必行"的人，这样既可让客户的自我价值感得到满足，提升客户对催收人员的信任度，又能让客户在认知和行为上得到和谐的统一。因为信守承诺，客户会尽最大的努力完成对催收人员的还款承诺，解决欠款的问题。

如果催收过程中与客户产生不同的意见,怎样才能互相让步、达成一致,是对催收人员分歧处理能力的考验。只有做好了分歧处理,催收工作过程的大部分冲突和投诉才可以避免。换一种思路就多一道门路,正确识别分歧,并把它转化为破解催收僵局的利器,客户的投诉率定能有所下降。

3.5.2 有效提升催收人员的情绪管理能力

市场、社会环境的变化给催收团队带来新的压力,近年来,催收行业迎来了更大的挑战,即迅速崛起的、庞大的"反催收军团"。企业的业绩考核为催收人员设定了目标,同时也让催收人员倍感压力。打开招聘网站搜索"催收人员",诸如"银行贷款逾期催收人员""电话催收人员""信用卡催收人员"的岗位数不胜数,而且往往标有"急招""招若干人""高薪诚聘"等字眼。从岗位的招聘条件来看,抗挫能力强的求职者更受公司青睐。

在日常经营过程中,只有少部分催收团队会引入情绪管理培训、心态训练培训、员工帮助计划(Employee Assistance Program,EAP)等。因为缺乏心态管控训练,所以催收人员缺乏心理调节方法,从而倍感工作压力。部分抗压能力弱的催收人员甚至不堪重负,纷纷转换工作,尤为可惜。

随着社会发展和人们知识水平的提升,越来越多成功的企业管理层意识到,我们已经从体力劳动者演变为脑力劳动者,乃至情绪劳动者。一线催收人员便是情绪劳动者的典型代表。作为催收团队的管理者,帮助团队在情绪劳动过程中获得可视化的成长,帮助他们达成高业绩,是管理者的重心所在。具体的方法如下。

1. 了解催收人员的心理状态

人的心理就像是一根弹簧,如果绷得太紧,总会有断掉的时候,催收人员因不堪工作重负而导致心理问题者不在少数。在心理压力和业绩压力两座大山面前,若催收人员对情绪管理不当,则容易出现下面几种情况。

(1)对回款业绩急于求成。采用传统催收方式,以诉讼施压为主导,把客户推向法律的对立面,最后造成舆论纠纷,严重影响企业声誉。

(2)引爆客户情绪。缺乏客群共情,采取简单粗暴的方式要求客户快速还款,引发争吵。

（3）盲目向第三方施压。为了达成业绩目标，盲目拨打第三方电话，最终造成客户投诉，引发矛盾。

（4）无法正确处理客户抱怨，导致矛盾升级。对客户的抱怨缺乏体谅和换位思考，施压方式过于强硬，导致矛盾愈演愈烈。

（5）遇到挫折自暴自弃。心理接近崩溃，严重影响工作和生活。

（6）对公司管理存有逆反心理。不认同公司的管理模式，对上级领导的要求拒不执行，甚至公然挑衅。

以上情绪状态都是危险信号灯，催收人员出现任何一种状态或苗头，管理者都应当尽可能地介入，引导催收人员进行自我情绪管理。若情绪管控不及时或管控不到位，则员工可能从心理亚健康状态恶化为心理不健康状态，严重者还有可能患上抑郁症等相关心理疾病。

2. 管理者应当指导催收人员树立良好心态

管理者应当指导催收人员树立良好心态，提升情绪管理能力。一方面，管理者要帮助员工树立正向信念。信念决定思维，思维决定行动方向。只有催收人员拥有正向的信念，才能让自己更自信、更具有能量；而拥有负向的信念，则会带来负向行为后果。另一方面，管理者要鼓励员工保持蒲公英心态。蒲公英的适应能力很强，无论在什么环境下都能够成长。拥有蒲公英心态，能让我们最大限度地接受逾期客户的怒火，努力提升自我的抗挫能力和情商指数，进而反哺个人综合素养的提升。

3. 管理者为催收人员的情绪管理赋能

在日常的工作中，管理者应如何避免心理疾病的悲剧发生呢？适时组织员工，引导其做好自我压力排解非常重要。

（1）推荐员工使用"减压器"

催收人员的情绪常常会遭受诸多因素干扰，处于不良情绪状态时，应当尽快转移注意力。每个人都有不同的兴趣爱好，有的人喜欢阅读，有的人热爱唱歌，有的人喜欢浏览购物网站，有的人偏好写日记等。当催收人员觉得压力很大时，管理者可鼓励其将注意力转移到某一项自己喜欢的事情或某一项自己感兴趣的事物，以获得快速减压。

(2) 为员工提供倾诉交流空间

适度倾诉有助于排解压力,此类方式简便而且见效快。管理者应当鼓励催收人员与朋友、同事及家人建立倾诉链条,从而释放压力。

(3) 帮助员工树立目标,营造你追我赶的工作氛围

强烈的目标感能使人忘却过程中的压力和疲累,管理者应当鼓励员工树立目标,并为员工营造你追我赶的工作氛围。

绩优催收人员和普通催收人员之间最根本的差距在于情绪管理的能力,管理者应当适时打开催收人员情绪管理的按钮,赋能员工自我情绪管理的方法,并着力提升员工情绪管理的能力,帮助他们更好地平衡职业、家庭和个人的关系,进而推动团队蓬勃、健康的发展。

3.5.3 催收绩优者画像推动团队绩效提升

1. 催收团队光荣榜引发的讨论

在电催操作现场,到处张贴着催收团队的业绩榜,如周冠军、月冠军、季度之星、年度之星以及冠军团队等。这些榜单时刻提醒着催收人员的业绩状况,加剧了催收一线人员的紧张氛围。

光荣榜对催收现场管理有积极作用,除了显性的业绩刺激外,我们还希望通过光荣榜与催收管理人员一起探讨如何挖掘绩优者的价值,带动催收团队的业绩提升。

2. 绩优者画像的必要性

把榜样张贴出来,其他员工就会主动自觉地去学习他们、模仿他们了吗?显然,这种想法过于理想化。虽然榜样有学习的价值,但只是树立榜样,并不能充分发挥榜样的作用。只有挖掘榜样们创造良好业绩的关键行为,让榜样的行为可学习、可复制,才能充分发挥榜样的力量。

简单来说,对绩优人员进行画像,就要找出绩优人员行为特征的共性,并对这些行为进行归纳总结,提炼出可供团队学习的行为要素,在业绩一般的员工中进行规模化复制,从而发挥榜样的价值。

3. 绩优者画像的过程

怎样才能对绩优者进行准确画像呢？画像中又要包含哪些要素呢？下面将一一进行解答。

一般的人员画像可以借鉴心理学的冰山模型，如图3.14所示。此模型包括知识、技能、价值观、自我形象、个性特质、动机等信息，根据催收岗位需要，我们可以梳理出催收岗位的基本画像数据。

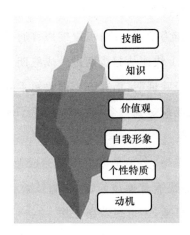

图3.14 冰山模型

所谓绩优人员画像，可以理解为优秀人才样本。在催收这个岗位上获得高绩效的员工，一定是表现更好、创造更高价值的员工，那么，究竟是哪些因素支撑他们取得成功的呢？他们有哪些共性值得挖掘呢？下面将重点进行讨论。

在实际工作中，绩优人员画像具体可以按如下步骤操作。

（1）在团队中选取绩优人员。

（2）针对选取出来的绩优人员，用行为事件访谈法对其进行访谈，获取这些绩优人员获得成功的关键要素。

（3）对所有绩优人员的关键成功要素进行归类，通过聚类分析找出共性，并落实到可学习、可复制的行为。

（4）针对上述可学习、可复制的行为，形成行为规范标准，并在内部进行可行性研讨，确定行为要素，形成绩优人员画像。

我们在对绩优人员画像的过程中，最好借助技术手段快速识别绩优人员的行为。需要强调的是，提炼的绩优人员特征必须是共同特征，只有这样才能让更多的催收人员进行模仿、学习，实现团队提升绩效的目标。

4. 绩优者画像的三大价值

绩优画像在推动团队行为改进、绩效提升方面具有重要的价值，主要表现在以下三个方面。

（1）促进业绩一般的催收人员快速成长

以绩优者的行为范式作为学习标准，可以缩短普通员工的学习周期，压缩其自我摸索的时间，促进这些员工快速从起步期进入成熟期，让更多员工的操作水平保持在一个高水平的状态。经验证明，培养一个催收熟手的周期通常为六个月，借助绩优画像可使熟手的成长期缩短到三个月，大大加速了催收人员的成长速度。

（2）提高团队的稳定性

一线催收人员的离职率高，多半是因为不能完成业绩目标。通过向绩优者学习，相当比例的催收人员能快速掌握技能，达到高绩效状态，同时也会增强催收人员对催收工作的信心和认可度，不再想着换工作。

（3）打造高绩效团队

按绩优者的行为模式提升团队绩效时，管理者的工作会事半功倍。从绩优人员画像中提炼的团队的素质、能力、行为标准，将有助于高绩效团队的打造。清晰明确的绩优画像不仅是团队选人、员工培养的标准，还是团队内部员工选拔和晋升的参考依据。

总之，为促进催收团队的绩效提升，我们需利用技术和专业手段对绩优人员进行绩优画像。我们应快速识别绩优人员的关键成功行为，并对其进行规模化复制，从而促进团队绩效整体提升。

3.6　AI心理催收的未来展望

AI心理催收，即智能化的心理催收，是新一代催收的发展方向。人工智能技术和 AI 心理催收在业务场景的应用,将为催收业务带来颠覆性变革,为客户创造更大的价值。

现阶段,智能化的心理催收在金融机构的应用仍然处于起步阶段。未来十年,随着人工智能技术和互联网金融的发展,智能化的心理催收有望成为催收行业的主流。

1. 以客户心理画像及员工心理画像为内核的高度集成和自动化的催收作业系统

新一代的催收作业系统以客户需求为导向,通过综合的客户心理画像识别不同类型的客户,并将客户分配给智能机器人作业、人工电话催收作业。该系统还通过语音识别客户的沟通风格,并将客户匹配给不同类型的催收人员,以大幅度提高催收的效率。

基于客户心理画像、员工心理画像实现的高度集成和自动化的催收作业系统,通过持续的系统学习,对不断积累的客户资源进行深度分析和挖掘,进而提高判断客户类型的准确度和智能匹配催收策略的精度,最终实现催收绩效的提升。

绩优员工的行为将被智能化获取,形成绩优者画像,这能为企业提升员工的能力做准备,也将是新一代催收业务系统的核心功能之一。

2. 以"知、情、意、行"优化智能机器人以及智能质检的算法

现阶段,NLP 语言实现的智能机器人在话术方面仍可以应用心理学原理进行优化升级。如果智能化的应答既能起到咨询应答的作用,又能建立起客户的认同、转换客户还款意愿,那么催收的效率会大大提升。从"知、情、意、行"四个环节优化升级智能机器人的话术,将会大大提升沟通效果。

智能质检指通过语音识别技术对质检进行优化,它把以前的抽检优化为全量检查,通过文本转换技术,为质检带来工作效率的改变。智能质检还把过往的听录音抽检优化为浏览文字内容检查。质检优化带来了考核方式的改变,使考核结果变得更加准确。基于此,心理催收的话术可以进一步规范质检的标准。金融机构推动 AI 心理催收后,智能质检的算法模型需要同步进行升级优化。

3. 智能化手段实现对委外机构的认证

AI心理催收在委外机构部署后，我们需要检查其能否达到要求和认证标准。将AI心理升级后的智能质检扩展到委外机构的招募、认证，就可以获得第三方机构的真实情况。管理层需要接受AI心理催收模式、理念、方法的宣贯，业务层和催收人员也需要经过各自的AI心理催收培训。系统还可以运用智能化手段检测催收人员在作业中是否存在违规现象、是否达到了与客户建立信任和尊重的标准、是否准确挖掘客户的痛点并转换客户意愿等，并以此来判断该委外机构是否具备承揽委外业务的资格。

4. 以智能心理疏导机器人进行员工关怀

在执行业务过程中，催收人员承受着巨大的业绩压力，时刻处在高压的对话情境中，心理健康问题日益积累，这对公司管理是一大潜在隐患。因此，催收人员的心理健康问题不容忽视。然而现有的团体心理辅导、咨询专家驻场等并不能很好地解决问题。

智能心理疏导机器人与咨询专家相比，更加保护隐私，它可以帮助高压下的催收团队舒解压力，重点监控和疏导心理危机个体，保障全员心理健康。在国外，智能心理疏导机器人已经得以实现，目前，国内也开始尝试，相信不久就可以在市场上应用。

由此，我们可以预测，今后的人工智能技术和心理学将会改变催收的理念、模式和方法，进而改变催收业务的方方面面，带来催收行业的升级换代。

第4章 AI心理引擎重塑保险营销服务

4.1 AI心理引擎在保险行业中的应用

4.1.1 AI心理引擎如何突破保险营销服务的困境

AI心理引擎将心理学原理通过人工智能和大数据方法应用到保险营销服务中,提升了工作效率和客户满意度。

中国保险业发展迅速,但高速发展的同时也出现了一些问题,这使得保险业面临着整体升级的挑战。中国在保险深度与渗透率方面,相对于发达国家仍具有明显的差距。我们以保险业面临的困境为切入点,深入分析AI心理引擎中客户画像、关系策略、影响策略和需求把握的价值,并以此为解决保险行业困境提供新思路。

1. 保险营销服务面临的困境

(1)中国内地保险需求虽大幅增加,但仍与发达国家相差甚远

据中国银保监会数据显示,中国约有3亿人购买长期人身保险,投保人数近6亿。商业人身保险覆盖率约达42.7%,风险保障总额超过1 000万亿元。从市场需求来看,人们对保险产品的需求大幅增加,更多的人开始主动购买保险,但保险并没有成为人们生活的必需品。目前我国只有约20%的人有长期寿险保单,这与发达国家相差甚远。

(2) 保险行业粗放式的发展使得客户信任度降低

① 依靠代理人增员发展客户无异于饮鸩止渴

代理人的收入直接与保费挂钩,上不封顶下不保底,这造成客户与保险公司缺乏紧密联系,导致代理人流动性大,继而引发客户流失,产生"孤儿保单"(指因为原营销人员离职而需要安排人员跟进服务的保单),这直接影响了客户服务体验和后续的理赔。

大进大出的人海战术使得保险销售人员良莠不齐。明确的利益导向容易导致保险营销人员陷入盲目推销、夸大宣传的迷局,他们甚至还可能对客户进行误导性销售,这对保险市场的稳定发展和保险公司的形象是不利的。

② 人情单泛滥,退保率居高不下

代理人发展业务主要靠"人情单",特别是刚进入职场的新人。随着代理人离职,一部分客户可能会将"人情单"退掉,以至于客户退保率高居不下。

(3) 突破营销困境的销售策略

面对营销困境,保险公司在改善技术支持和后台服务的同时,更关注的就是营销策略,也因此催生出不少较激进的营销策略,下面以炒停售、产品说明会、开门红为例进行说明。

① 炒停售的操作技术含量不高,但却屡试不爽。客户平时可能会犹豫不决,但是在停售的截止日期之前,也会不由自主地认同"物以稀为贵""过了这个村,就没这个店"的概念,最后加入购买人群的大潮之中。

② 产品说明会也叫客户答谢会,一般会重点推广年金类、理财类的保险产品。产品说明会上,组织者会邀请业内人士介绍保险理念、保险知识以及保险产品,还会通过抽奖、表演节目、旅游等方式烘托气氛,促使客户产生购买的欲望。这种销售方式有其合理性,但是没有充分地绘制客户心理画像,无法根据客户需求推荐保险产品。另外,在产品说明会的氛围下,客户有可能做出非理性决定。客户投保后若发现保单跟自己的需求不匹配,可能会觉得上当受骗,被销售误导,以至于去投诉、退保,这对双方都会造成不必要的损失。

③ 保险业的开门红指的是保险公司每年11月开始到次年春节前的一段时间,推出各式各样的新一批长期保险产品,并以"储蓄""理财""高收益""限量抢购"等噱头吸引客户购买的行为。只要开门红的保费任务完成得好,当年的保费任务就会比较轻松,所以开门红一直是保险公司完成全年保费目标的关键。

上述销售策略虽然为保险公司赢得了短期利益,但是对保险理念的宣传却没有起到正向作用,甚至还在一定程度上让广大客户对保险的偏见愈演愈烈,最终导致企业声誉乃至行业声誉受到严重影响。

2. AI心理引擎在突破保险行业困境方面的价值

AI心理引擎可突破保险行业困境,并将在应用中体现其巨大的价值。

(1) 客户心理画像对突破保险行业困境的价值

在营销活动中,绘制客户心理画像、识别客户的社会阶层和家庭角色、认知客户的风险认知和投资倾向都有助于筛选出有需求、有购买力、有购买意向的客户。

在保险客户的心理画像中,增加理性/情绪化、精明/少算计、服务要求高/低、独立/依赖、长远规划/只看眼前等维度。例如,对于识别出的非理性客户,他们更适合"炒停售""产说会""开门红"等营销策略。不同的客户,其服务要求、依赖程度以及对未来的规划程度不同,销售策略也应有所不同。

总之,客户心理画像有助于针对客户需求进行产品销售,也有助于选择与营销活动匹配的客户。同时,客户心理画像不仅能防止代理人夸大保险产品的功能、防止代理人误导客户投保,还能防止因参加营销活动受邀人员不合适而导致的低成单率。

(2) 关系策略对突破保险行业困境的价值

因为员工的关系人数量有限,所以我们需要利用有效的关系策略去发展新的客户,如寻找共同话题、赠送礼物、帮助对方解决问题等。有了信任关系作为基础,会更有利于成交。

良好的客户关系有助于客户经理更了解客户,同时,也便于绘制出更符合实际的客户心理画像。无论是在陌拜、地推,还是产说会,或者其他场合,良好的关系策略对发展和维系客户都能起到积极的作用。即便客户是代理人自己的亲朋好友,关系策略也有帮助。从另一个角度说,关系策略还有助于减少代理人在发展客户时对既有关系的过度依赖。

(3) 针对性的影响策略对突破保险行业困境的价值

销售过程会受到客户的社会阶层、情绪表现、沟通风格、决策风格、专业感知度等因素的影响。针对不同类型的潜在客户,我们需要识别其心理偏好,并形成针对性的影响策略。

针对性的策略可以提高保险公司营销活动的效率,而且这种策略在陌拜和地推活动中也是有效的。针对性的影响策略可以帮助更多的客户树立正确的保险意识、选择恰当的个人及家庭的保险产品,其中,针对性的影响策略对在不同的生命周期匹配合适的保险产品有非常大的帮助。

(4) 把握客户需求对突破保险行业困境的价值

只有挖掘出客户最真实的需求,才能向客户提供相对精准的产品匹配和服务方案。

无论在陌拜还是营销活动中,根据客户需求匹配产品更容易打动对方,从而促成交易。同时,当产品的适配性比较高时,客户也不会轻易选择退保,从而使得退保率降低。

总之,作为为客户提供保障和美好生活的保险机构,其发展不应过于依赖各类营销活动,也不应过于依赖人员的大进大出,而是应根据 AI 心理引擎的原理和方法,先绘制出客户心理画像,然后实施关系策略和针对性影响策略,再根据客户需求匹配保险产品和服务,最终突破行业困境。

4.1.2 客户洞察——社会阶层的识别是保险营销的起点

具有相同或类似社会地位的社会成员,在态度、行为模式和价值观方面具有相似性。一个人的收入水平决定了他所处的社会阶层,也决定了他的生活方式。另外,教育背景和职业地位是除收入外划分阶层的重要标准。在保险营销中准确识别客户所属的阶层,并对其需求作出精准的判断,有利于保险销售人员在保险营销中变得更为主动,也更能够保障客户的利益。

根据收入和职业的特点,我们将社会阶层分为五种类型:社会上层、社会中上层、社会中层、社会中下层和社会下层。

根据我们对某大型人寿保险公司客户的分析可知,该公司客户的阶层主要是社会中上层、社会中层以及社会中下层。下面我们以这三类群体为例,逐一分析不同社会阶层的特点和对应的保险需求。

(1) 财产保障/财富传承是社会中上层的"定心丸"

社会中上层总体收入高,经济实力雄厚,遇到意外事件时,有较好的应对能力。同时我们需要考虑到,这一群体大多是老板、企业高管等,他们工作压力大,平时经常出差,即使他们拥有很强的抵御风险能力,我们也可以为他们适当推荐一些保障人身的意外险、医疗险等险种。

社会中上层通常希望自己富足的生活能延续下去,甚至希望自己变得更富有,所以他们一般具有"防患于未然"的风险意识,并试图通过某种途径为自己拥有的财产增加一道屏障。我们应充分考虑到这一群体在财产方面的特殊心理需求,例如,我们可以为他们推荐财产保障和财产投资类的保险,让他们的财产有望保值、增值。

(2) 平稳增值是社会中层的"上升梯"

社会中层处于夹缝层,一般具有一定的资产,且接受了良好的教育,有着相对体面的职业身份。如公务员、事业单位员工、国企员工等,他们的收入相对稳定且会逐步增长,单位福利好,抗风险能力强。

对于这一阶层的客户,我们可以推荐一些教育基金等储蓄性质的保险,还可以依据他们自身的经济状况,适当推荐财产险中较为稳健的投资型和分红型的险种。

(3) 风险防范是社会中下层的"安全绳"

社会中下层主要是指在第二、三产业中从事体力、半体力劳动的从业者,他们多数游离于体制外,劳动合同不规范,社会福利与社会保障不完善,抵御风险的能力较弱。

社会中下层对生活有不安全感,倾向于将多余的钱存进银行以备不时之需,所以在对这些客户进行保险营销时,保险销售人员首先要帮助他们树立起保险意识,让他们认识到购买保险是一种抵御风险的重要方式。

生活中的意外事件可能会给社会中下层的个人甚至家庭带来难以承受的打击,考虑到这种情况,保险销售人员应该在为他们推荐养老、医疗等基本人身保险的同时,强调购买意外险的重要性。

对不同阶层的客户进行保险销售时应该注意什么呢?下面将进行具体分析。

(1) 社会中上层客户是社会的主导阶层,是市场经济的重要参与者和组织者

这类客户能够跻身社会中上层,成为某个领域的成功者,说明其具有一定的头脑和分析判断能力。这类人往往具有丰富的社会资源,对各类信息的掌握也更充分,他们在金钱的使用上更讲究效率、收益。因此,面对这类客户,保险销售人员要具备丰富的专业知识。在面谈之前,销售人员要对客户的行业类型、家庭关系、财富状况、投资偏好、已购买的保险类型等做一个详细的调研,准确把握客户的需求,

并做好销售方案。在面谈的时候,销售人员要善于抓住重点、高效沟通,最后达成销售目标。

(2) 对社会中层来说,防止阶层下滑的关键是下一代的教育

社会中层一般最看重孩子的教育问题,因此,在保险销售的时候,销售人员可以推荐储蓄型保险,让该阶层客户提早为孩子准备教育基金。社会中层多数为专业型或管理型人士,他们比较注重细节和流程,行事风格也较为严谨,这就需要保险销售人员在销售时注重细节,客观诚实,避免过分夸大保险的好处。

(3) 对社会中下层来说,他们讨厌购买过程中繁杂的程序

社会中下层群体普遍对各类保险销售存在抵触和防范心理,因此,在对该类群体销售的时候,应尽量找寻他们身边的类似案例,拉近与他们在心理上的距离。通过真实案例的介绍,可以帮助他们树立风险意识,合理支配有限的收入。另外需要注意的是,因为这一阶层的投保资金有限,所以保险销售人员在为他们推荐保险时,应给出性价比较高的保障类产品。

总之,保险销售人员如果能清楚地了解客户的社会阶层,就能够根据各阶层的特点,结合客户自身的实际情况,给客户出具匹配的保险方案。这样不仅能够提升保险成交率,还能通过专业度的体现给客户带来更多的安全感和信赖感。

4.1.3 客户洞察——家庭角色的识别是保险营销的基础

家庭的快乐是一般大众的追求,家庭角色的不同赋予了我们不同的责任。对于一名保险营销人员来说,了解客户的家庭角色对营销有什么帮助呢?下面将进行具体讲解。

1. 快速打开话题

"唠家常"最能减弱人与人之间的交往壁垒,有助于建立简单的人际关系。识别客户的家庭角色可以帮助我们了解客户的生活状态,增加我们与客户之间的交流话题。

只有引起客户的交流欲望,我们才能有效地提升销售的成交概率。我们要以家庭为切入点,完成对整个家庭的保险配置。了解客户的家庭角色和家庭状况,也便于我们为客户提供更好的服务。

2. 快速拉近关系

（1）利用相似效应，提升客户认同

心理学理论证实，我们更喜欢与我们相似的人打交道，尤其是与我们心理相似的人。在客观条件允许的情况下，我们更希望在心理上自主决定自己的生活，这就决定了在人与人交往的过程中心理相似的可贵性。

作为保险营销人员，我们一开始就与客户处于推销者与被推销者的关系中，这点使我们很难被客户喜欢，甚至客户还会有戒备心理。因此，我们很难了解客户的深层次价值观，从这一层面做到与客户心理相似很困难。

家庭角色是我们每个人都有的身份标签，通过识别客户的家庭角色，我们能够快速找到对应的切入点，利用相似效应可以拉近我们与客户之间的关系，下面是一个相关示例。

客户："我家还有两个女儿正在上初中，给她们报名上课外班就要花不少钱。"

营销人员："我家小孩也是初中学生，您说得太对了，课外班确实花了很多钱。"

（2）利用共情效应，加深客户理解

假如我们与客户分属不同的家庭角色，还可以通过"共情效应"激发客户对我们的理解与认同。

共情是指一个人可以将自己的感情带入他人描绘的事情中，从而理解他人、认同他人。在共情的作用下，我们会对激起共情的对象投入更多的感情，加深对对方的理解与认同。就拿演员来说，他们可能就会因为共情而对一个角色投入很多的感情，从而塑造出好的角色。

我们可以通过描绘自身的家庭事例，引发客户的共情。家庭角色是我们最熟悉的一种身份标签，家庭本身也是客户最关心、最熟悉的场景，这能使客户更快地代入自己的感情，进入共情的状态。下面是一个相关的示例。

客户："我家还有两个女儿正在上初中，给她们报名上课外班就要花不少钱。"

营销人员："做父母是最不容易的，我记得我上初中那会儿父母就省吃俭用供我上学。"

3. 快速了解痛点

不同的家庭角色决定了我们在家庭中承担着不同的责任，也决定了我们在做决策时考虑问题的角度不同。识别客户的家庭角色,能够帮助我们快速了解客户的实际痛点。

(1) 祖父母辈:为儿女考虑,需提前做好保障规划

祖父母辈的客户往往因为年龄和身体的原因,购买保险的难度较大。同时,他们的孩子成家后可能担负不止两个家庭的生活开销,压力很大。祖父母辈不仅要为自己着想,他们还希望减轻家中成年晚辈的负担,这时就需要保险将风险转移。

(2) 父辈:承担家庭压力,需做好自身保障

父亲是一个家庭的"顶梁柱",承担着多方的压力,可能需要同时供养三个家庭。从父亲的角度出发,首先要做好的是自身的保障,这样才能提升整个家庭应对风险的能力。配置适当的保险可以有效地降低父辈为家庭担负的风险,解决他们的后顾之忧。

(3) 母亲:关心家庭成员健康,为亲人着想

母亲更关心整个家庭的保障,她们对家庭投入很多,有时甚至可能会多于对自身的投入。她们更关注孩子的未来需求,希望降低家庭承担的风险,从这一点考虑,购买保险可以帮助她们解决问题。

(4) 未婚客户:独立承担责任,需提升风险应对能力

未婚客户往往会从自身出发,评估自己的实际需求。这类客户刚刚进入社会,日常开销比较大,储蓄较少,应对风险的能力较弱。同时,他们的需求是渴求自立,独自解决生活问题,为家庭减轻负担。而自己承担自己的保险,可以有效减轻家庭的负担,同时也能增加自身应对风险的能力,一举两得。

识别客户的家庭角色可以帮助我们了解客户的真实痛点和实际需求,便于我们与客户沟通,拉近关系,进而提高成交率。

4.1.4 客户洞察——沟通风格的识别是客户导向的体现

针对保险电话营销的情景,我们对不同沟通风格的客户以及不同的沟通策略进行分析。

1. 控制型客户的特点与沟通策略

(1) 控制型客户在电话中的沟通特征

① 他们爱主导通话、爱提要求、爱打断对方的通话。他们常用的口头语为"你

应该……""听我的"。

② 他们坦率直接、简明扼要、直入主题。在通话中,他们说话语速较快,不太客气。他们常用的口头语为"我的意见是……""就这样""你错了"。

③ 他们目标明确,行动迅速。他们想做的事情,不需要业务员催促;不想做的事情,也很难迎合业务员的要求。

④ 他们不怕矛盾,迎难而上。在一些有争议的事情上,他们爱坚持自己的意见。

(2) 适合控制型客户的沟通方式

业务员需要直截了当、简单明了、一语中的。业务员要多强调如何解决问题,让客户看到行动的好处。业务员既要承认和赞美客户的力量和威信,让客户感受到掌握决定权,又要保持内心冷静、不卑不亢、耐心沟通。

(3) 与控制型客户沟通成功的示例

魏先生年龄为48岁,事业以做生意为主,下面是业务员与魏先生沟通的内容。

业务员:"您好!我是本次为您服务的业务员小王,请问您这个保单是要退保吗?"

魏先生:"是的。"

业务员:"但我看您已经缴了4个月保费,现在退的话损失很大哦,是什么原因要退保呢?"

魏先生:"资金周转。"

业务员:"您这个保险是2月20号到期,还有2个月的宽限期,所以还有时间。"

魏先生:"退了就行。"

业务员:"关键您退掉这个保险,就失去了保障,而且保费最后还能返还,预期收益可达25%左右。如果您现在退保,之后再想购买,费率就更高了,很不划算。"

魏先生:"退掉吧。"

业务员:"是什么原因让您坚持退保呢?我们需要登记一下。"

魏先生:"有其他用途。"

业务员:"方便问下具体原因吗?"

魏先生:"资金紧张。"

业务员:"资金暂时紧张,这个肯定不会是长期的呀,困难总是暂时的,您还要打拼至少十几年,需要保障呀。您这个加上宽限期截止到4月20号呢,如果那时候您手头宽裕,把钱及时存上就可以了,还是希望您再考虑一下。"

魏先生:"额,还是退掉吧。"

业务员:"我已经说得很清楚,您应该享受到应有的权益,您买保险的年龄本来就偏高,一些跟您年纪差不多的客户急用钱时也想退保,但是了解具体情况后,都会考虑其他资金周转的方法。"

魏先生:"是……"

业务员:"您这个年龄,大风大浪都过来了,可不要因暂时的困难失掉了人生保障。"

魏先生:"这个保险的范围是什么呢?"

业务员:"是这样的……"

经过业务员的耐心说服,魏先生答应先保留这个保险,本次沟通达到了目标。

在与客户通话的过程中,业务员既提到了退保的损失,又强调了宽限期可以让客户有时间缓解压力。其中的关键在于,尽管面对客户明确而多次的退保要求,业务员仍然比较坚持,头脑冷静、不卑不亢、耐心沟通,最终达成了目标。

2. 表现型客户的特点与沟通策略

(1) 表现型客户在电话中的沟通特征

① 他们时常大大咧咧,说话的准确度不是很高,常用的口头语为"差不多"。

② 他们爱轻易应允或做出承诺,常用的口头语为"我可以。"

③ 他们一方面喜欢表现自己,期待获得别人的关注;另一方面不喜欢聆听,缺乏耐心。

(2) 适合表现型客户的沟通方式

① 业务员应多与客户进行互动,对客户的状况表示同情和关切。

② 业务员要先做个倾听者,然后找准时机把话题拉回来。

③ 业务员回应客户时要有热情,适时给予赞誉和恭维。

④ 业务员应提供较多的方案供客户选择。

⑤ 业务员应向客户明确提出要求,并进行周期性的检查。

(3) 与表现型客户沟通成功的示例

黎先生年龄为47岁,下面是业务员与黎先生沟通的内容。

业务员:"您好!请问是黎先生吗?我是保单管理中心的工作人员,您的保单权益需要告知您。"

黎先生:"有事直接说嘛。"

业务员:"2014年10月,您在我公司投保的重疾险,每月缴费560元。"

黎先生:"到了10年我能取出来吗?"

业务员:"缴费10年保30年,30年后全额返还。"

黎先生:"平常能不能取?"

业务员:"可以,不过是以保单贷款的形式取出,贷款需支付利息。"

黎先生:"去哪儿取钱?"

业务员:"有两种办法,一个是去柜台办理,另一个是手机App。"

黎先生:"长沙在哪儿办理?"

业务员:"您可以不用去柜台办理,在手机App办理很方便,名字叫……"

黎先生:"可以。"

业务员:"长沙的地址我也发给您。不过咱们得先加个企业微信,另外,您还可以在企业微信发送您的电子保单。"

黎先生:"好,怎么加?"

业务员:"在微信里,您看到我的通知,点进去……"

黎先生:"好。"

业务员:"还得麻烦您给销售打个分。"

黎先生:"我很忙。"

业务员:"您是公司的中坚力量,肯定很忙。为了帮助我们更好地为您提供服务,还是希望您能给我们销售打个分。"

黎先生:"大家工作不容易。"

业务员:"是的,所以希望您做个满意度评价,我们也好及时反馈。"

黎先生:"好。"

业务员:"第一项……"

黎先生:"××分。"

……

业务员:"我再提醒您一下,以后每月10号扣款,您记得提前存钱。"

黎先生:"好的。"

业务员:"黎哥,以后有时间您可以来我们这边玩,到时请您吃饭。"

黎先生:"好的。"

客户起初不太配合,业务员不仅向客户讲解了保单贷款、每月扣费等,还引导客户添加了企业微信,并进行了满意度打分。在通话过程中,业务员树立了耐心、专业的形象,一方面积极互动,另一方面适时恭维对方,所以后来赢得了客户的配合。通话的最后,业务员还主动邀请对方吃饭,这就进一步加深了关系。

3. 分析型客户的特点与沟通策略

(1) 分析型客户在电话中的沟通特征

① 他们认真倾听,注意捕捉对方的信息。

② 他们注重细节和逻辑,言语间常提到数据。

③ 他们常常用含蓄的手法表示内心的愤怒和抗议,避免公开挑战。

④ 他们严格要求别人,有时会批评对方,常说的用语为"你不能这样做""按规矩说"。

(2) 适合分析型客户的沟通方式

业务员应肯定客户的精确度和全面性,并有意识地顾全客户的自尊心。业务员自身要有系统性、逻辑性及精确度,同时充满耐心,让客户感到专业性。业务员还要让客户有一定的时间思考。

(3) 与分析型客户沟通成功的示例

唐先生年龄为40岁。下面是业务员与唐先生沟通的内容。

业务员:"您好!唐先生,您有个保单扣款失败,需要您先预存558元,这是建设银行扣费的。"

唐先生:"不是农业银行吗?"

业务员:"这个您曾经改过,从农业银行改成了建设银行。"

唐先生:"这个是保什么的?"

业务员:"重疾。"

唐先生:"不要了,退了吧。"

业务员:"为什么要退呢,出现了什么状况?"

唐先生:"觉得没什么用,每个月还得缴纳几百元。"

业务员:"您买保险又不是马上就用它。"

唐先生:"我这些钱留着还可以吃点好的。"

业务员:"那如果您有了重疾怎么办呢？人都是吃五谷杂粮的,难免出现问题。"

唐先生:"我要退能退多少。"

业务员:"保费约损失70%～80%,具体以保单的现金价值为准,您可以在保险合同上查询相关条款。我建议您还是继续缴纳,这个保险只需缴纳10年,不像其他保险那样时间很长,而且到期时可以有120%的返还,主要是还能提供长期的保障。"

唐先生:"我们算一下,这20%的利息,我这10年得缴纳近7万元,到时多给我1.4万元,那么每个月的利息只有100多元。"

业务员:"您智商好高啊,算得真快！您想啊,这个保险可以赔付两次,保障最高可达20万。"

唐先生:"到时有的药还报不了。"

业务员:"我们只要诊断证明就可以,不是给您报销,而是先把钱给您。"

唐先生:"我已经把钱转了,过会儿就可以扣款了。"

业务员:"好的。"

客户开始要退掉这个重疾险,但在业务员的成功沟通下,最终直接续费。在沟通过程中,业务员通过认真倾听捕捉了对方的信息,还肯定了对方的高智商,并且在回答时也以数字说话。正是因为业务员严谨而富有耐心的精神,客户最终被说服而直接续费。

4. 亲和型客户的特点与沟通策略

(1) 亲和型客户在电话中的沟通特征

① 他们会习惯性地答应对方,服从对方明确的指示。常用的口头语为"好吧""可以,我愿意"。

② 他们说话慢条斯理,以柔克刚。常用的口头语为"差不多""就这样吧"。

③ 他们面对压力可能保持沉默。

④ 他们在表态时只是在口头上迎合,内心想法很可能不变。常用的口头语为"行吧"。

(2) 适合亲和型客户的沟通方式

① 业务员在通话中,说话要慢,音量不要太高,给予客户一定的时间思考。

② 业务员应表现出真诚的态度,避免过于正式,要让客户有信赖感。

③ 业务员既要帮客户下定决心,又要给出客户时限和操作上的明确要求。

④ 业务员应强调行动方案给身边人带来的好处。

(3) 与亲和型客户沟通成功的示例

王女士年龄为 45 岁,在某公司有 4 份保险,下面是业务员与王女士沟通的内容。

业务员:"王姐好,我是为您做保险服务的小李。您有保单要退保是吗?您是我们的老客户了,在我们这儿有 4 份保险,现在要退掉 3 份。为确保您的权益,我需要跟您确认一些问题,需要您配合一下。"

王女士:"可以。"

业务员:"我看您要退掉的这 3 份保单,2 份是重疾险,1 份是寿险。在您这个年龄,别的客户都是增加重疾保险的额度,没有退保的哦。您退保是资金出现了什么问题吗?"

王女士:"是的。"

业务员:"您如果确实急需用钱,我建议您做保单贷款,不用直接退保。"

王女士:"哦,还可以这样吗?你跟我说说怎么操作……"

经过沟通后,客户表示不再退保,计划通过保单贷款缓解资金紧张的问题。在电话中,业务员一方面比较亲和有礼,另一方面向对方分析了退保的弊端,并给出了相应的解决方案,因而客户最终接受了续保。

保险营销服务中,我们应针对不同客户的沟通风格匹配对应的策略和话术。在与客户在沟通过程中,我们要保持通话顺畅,并试图打动客户,最终达成目标。

4.1.5 关系建立——保险客户信任关系的建立与提升

保险产品的同质性极强,建立和提升客户信任关系是保险营销中极其重要的环节。另外,保险产品的重复性和长期性的特点也决定了提升客户信任关系能带来长远价值。越来越多的保险顾问意识到,与客户建立并维系一种长期稳定的忠诚关系,是保险终身营销的最大筹码。本小节将从心理学的应用角度,分析如何通过构建和利用客户关系模型来提升保险客户的信任关系。

客户关系是客户营销服务全周期中极其重要的影响因素。做好信任关系的建立与提升,我们可以通过构建客户关系模型量化与客户的关系值。在不同关系程度下,我们可以提供有针对性的营销手段,指导营销人员开展工作,进而实现客户关系的可视化动态管理和有效提升。

1. 客户名单梳理

通过持续收集客户信息,包括年龄、性别、工作情况、经济状况、个人保单持有情况、家庭角色与成员、家庭保单持有情况、保险认知等,我们可以对客户的基础信息进行完善。基础信息的健全关系到后续的客户开发与经营,是"知"环节中必不可少的动作之一,同时也是客户关系模型应用的前置动作。客户关键信息的来源有三种:公司业务系统收集的一手数据;通话过程中收集的信息;见面交流中通过提问和观察获取的有效信息。

2. 客户关系模型

客户关系的可视化管理应如何实现呢?我们可以通过采集与客户互动的关键行为指标(如见面次数、互动频率、约见难易和产品好感度等)来判断与客户的关系等级,实现对客户关系值的客观评价。客户关系模型依据客户的关键动作把客户关系分为5星等级。

(1)关系1星:与客户建立初次联系(如添加微信),主要以单向沟通为主。

(2)关系2星:能够约客户出来见面,并与客户有线下互动,如见面、聊天、接受赠送的小礼物、受邀参加活动等,且互动次数不低于2次。

(3)关系3星:客户愿意和你交流私人问题,线下互动增多(一般为3~5次),主要的线下互动形式有聊天、吃饭、受邀参加活动等。

(4)关系4星:客户愿意让你走进自己的家庭或朋友圈子,线下互动频繁,并且主动提及保险话题,例如,主动表达自己对产品的想法和疑惑。

(5)关系5星:与客户的线下互动更加频繁,常常见面,而且客户会拿出所有家庭保单向你寻求建议,同时还会替你主动转介产品。

3. 提升关系的行动方案

销售讲究节奏把握，找对合适的时机和节点，成交才会水到渠成。良好的营销节奏更有利于销售达成，过激的营销动作则容易引起客户反感。

以关系 2 星客户为例，提升关系的正确营销动作有：不主动交谈过多关于保险和产品的事情；以提高客户熟悉度为主，例如，通过赠送小礼品创造更多见面的机会；当前工作的重点是通过寻找契机与客户建立感情（如为客户提供理赔服务、参与客户家的红白事等），借助契机事件顺势放大客户痛点，营造紧迫感。

以关系 4 星客户为例，提升关系的正确营销动作有：重点关注客户需求，并借契机放大痛点，促成成交；找机会多参加客户的朋友聚会、家庭聚会等，提高活跃度；进一步扩大自身在新圈子中的人际影响力，树立在圈子中的专业保险顾问形象。

总体来说，前期主要以建立关系、提升熟悉度为目的，需要避免产品话题介入；互动较多后可通过契机事件观察现场反应，并留意潜在需求对象；之后，我们可以私下约见潜在客户，需要提醒的是，拜访时要带上小礼物。

相同关系等级的客户需要匹配适宜的行动方案，做好关系提升需要从树立专业度、识别客户需求以及提高沟通技能入手。

（1）树立专业度

保险销售人员要抓住机会向客户展示自己的专业水平。当客户对保险有困惑或者需要出险指导的场景下，保险顾问的专业建议往往能促使双方关系快速升温。老客户的再次成交很大程度上出于对销售人员的专业认可。对于绝大多数的转介绍客户来说，专业认可度也决定了两人在初始阶段的关系等级。

（2）识别客户需求

识别保险客户需求是一个复杂的过程。不同社会阶层的客群对保险产品的核心需求存在较大差异，影响因素包括客户的社会阶层、保险意识、理财习惯、现有保险等。如果忽略这些因素，就容易造成产品推荐匹配度过低的情形，例如，因客户信息挖掘不充分导致推荐金额过高的保费。此外，提供匹配客户需求的解决方案还能反作用于客户关系的提升。

（3）提高沟通技能

任何销售过程都是说服与选择的过程，有效打动客户、把话说到客户心里是成功营销必不可少的条件之一。在沟通语言上"投其所好",更能营造良好的沟通氛围,提高沟通效率;而话不投机半句多的沟通则容易引起客户反感。因此,我们需要识别客户的沟通风格,并采取适宜的沟通策略,从而提升客户关系。

与客户的关系等级往往决定了业务推动的顺利程度,做好保险客户的信任关系管理工作能够增加客户粘性,帮助保险营销人员建立更深层次的客户关系、把握良性的营销服务节奏,进而明确下一步的营销动作,最终提升客户的转换意愿。

保险营销是一个非常讲究情商和专业能力的技术活,建立和提升客户信任关系在全周期的客户经营中都能发挥连带的化学效应。客户关系模型能够帮助营销人员更好地把握营销节奏,避免出现过激的营销动作,引发客户反感。展示自己的保险专业水平、了解客户的心理需求、用共同语言与客户交流都能直接引发客户的情感共鸣,从而建立更深层次的客户信任关系。

4.1.6 转换意愿——利用痛点发现客户的"心动时刻"

购买行为建立在解决客户痛点的基础上,客户的痛点意味着客户对产品与服务的真正需求。"知、情、意、行"模型在保险营销场景应用中已经得到了有效验证,"知"和"情"都是前期的必要铺垫,"意"是成交与否的关键,那么如何才能转换客户意愿呢?关键在于运用痛点发现客户的"心动时刻"。

1. 从客户生命周期看痛点

客户生命周期管理是客户价值的一个动态管理过程,不同年龄阶段的人,其收入、需求、消费倾向等都有很大的不同。依据生命周期理论,将客户的不同生命阶段分为单身期、家庭形成期、家庭成长期、家庭成熟期和退休期。客户在每个阶段对保险产品的需求存在较大差异,我们需要结合客户所在阶段抓取和确认痛点。单身一族更关注不良生活习惯下的潜在健康风险;家庭形成期的客户关注意外风险和家庭未来的收入支出风险(含重疾);家庭成长期的客户则关注顶梁柱意外、子女教育、资产保值增值和失业所带来的风险;对于家庭成熟期的客户来说,资产保值增值、子女教育、失业、退休规划是他们的关注重点;退休期的客户则更看重个人的财产管理及资产的保值增值。

2. 从社会阶层看痛点

社会阶层是由具有相同或类似社会地位的社会成员组成的相对持久的群体，不同阶层的生活圈子和需求关注点都有极大差别，例如，一个上层宝妈和一个中下层宝妈的共同话题虽然都是孩子和家庭，但对产品和服务的需求有很大差异。

马斯洛需求层次理论表明：不同社会阶层具有差异化的核心需求。对于社会上层的客群来说，他们的主要痛点在于财富传承，保单需求包括财富保持、财富传承、风险转移、高端医疗服务；对于中上层的客户来说，做好未来规划是他们关注的痛点；中层客户更关心家庭保障；而对于中下层和下层的客户而言，他们只关心基本的健康保障。

3. 从家庭角色看痛点

《中国保险家庭账户白皮书（2019）》指出，我国家庭逐渐呈现小型化、单身化以及老龄化三大趋势，家庭生命周期中的风险曲线呈"M"形，孩子出生后形成第一个波峰，退休和子女离开身边的双重风险形成第二个波峰。

不同家庭角色对保险产品的需求和痛点存在较大的差异。

祖父母辈的保险需求更多是个人养老，痛点在于购买保险的难度和减轻家中成年晚辈的负担。典型的话术示范为："您的孙子可能刚上学，您的儿子需要为他的家庭多做打算，如果您现在开始为自己投入保障，就是在为您儿子减少负担。"

父辈的购买痛点在于家庭顶梁柱的压力以及家庭成员对自己的依赖性。典型的话术示范为："作为家中的顶梁柱，您更应该考虑您自身的安全，如果您出现意外，咱们家庭的问题就不好解决了，所以首先需要对自己负责啊。"

母辈的购买痛点在于保障家庭的收入、减轻丈夫压力、满足孩子的未来需求。典型的话术示范为："您的先生可能目前比较关注事业上的打拼，不是很注重保险，这时就需要您多为家里考虑一下，您想想现在花的一点小钱，解决的很有可能是未来家庭的大问题。"

对于未婚人群来说，储蓄困难、日常开销较大、早日自立并减轻原生家庭的负担是这类客户的购买痛点。典型的话术示范为："咱们现在开始挣钱了，父母一直为我们做保障也很不容易，您不如让保险作为您的保障，这样也是为父母减轻负担。"

除以上家庭角色外,还有一些常见的典型社会角色,他们也有固有属性和痛点。例如:有钱一族的客户更关注财富风险、财富保持和财富传承;对于富二代客户来说,维持面子和守住已继承财产是他们的痛点;全职太太的心理刺激点在于婚姻情感背叛的风险和顶梁柱遭遇意外的风险;个体户的痛点在于没有社保,生意经营风险大;年轻父母则更关注子女教育如何赢在起跑线、如何减轻生活负担、如何减轻老人孩子的赡养压力;对于熬夜加班族来说,长期熬夜下的职场健康危机、以健康为代价的高薪下可能面临的重疾支付以及如何持续保障现有生活水平更能有效刺激这类客户。

那么如何才能进行客户痛点的挖掘呢?通常来说,人的满足一般由两种状态构成:一种是理想状态;另一种是现实状态。当处于两者之间相对平衡时,人们就会相对满足;当人们的现实状态和理想状态发生不平衡时,就会产生问题空间,这里面就会有很多痛点。两种常用的痛点挖掘方法如下。

(1) 从对方的表述中发现痛点,它一般以名词形式反复出现,而且说到某个词时声调会变高或者语气加重。

(2) 通过提问发现痛点,例如:"A和B之间,您会选择哪一个?""对于这件事,您怎么看?""这个对您来说意味着什么?"。

4. 利用痛点发现客户的"心动时刻"

客户痛点是影响客户意愿转换的关键要素,利用痛点促进客户的意愿转换,需要做到以下几点。

(1) 挖掘痛点。在客户生命周期阶段、社会阶层和家庭角色等方面进行痛点挖掘,试探及确认能让客户真正"心动"的痛点。

(2) 阐述后果。拔高客户的理想状态,让客户认清他的现实状态,从而引发问题空间,产生痛点。

(3) 提供解决方案。结合客户的实际情况匹配合适的保险理财计划。

保险营销中,摸索和确认客户的痛点往往是能否打动客户的关键动作,若想让客户意愿发生转变,就要抓住客户的痛点,打开客户的"心动"之门!

4.2 客户心理画像在保险场景中的应用

4.2.1 客户心理画像在个险渠道的应用

个险渠道往往用于销售长期有效、分期缴款的高价值且复杂的保险产品,这就要求销售人员与客户建立紧密且长期的联系。但在实际情况中,即使对于缘故客户(指销售员的亲属、朋友、熟客),销售员最初向他们介绍产品时得到的也大多是消极的回应,这是为什么呢?原因在于客户对我们身份的认知有偏颇,他们认为我们依靠他们的价值而获得好处,但是他们自己却"无利可图",甚至还要花费个人的资源。

因此,我们要做的就是改变客户对我们身份的认知,让客户感觉到我们与他们有共同的立场,其中的关键在于精准识别客户的心理画像,包括客户的角色信息、动机原因与沟通方式三个主要维度,如图4.1所示。通过识别客户心理画像,我们可以不断影响客户对我们的认识,与客户建立更加紧密且长期的联系,进而提升成交概率。

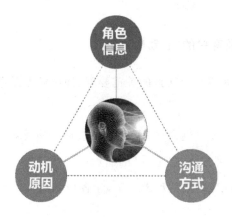

图 4.1 客户心理画像的三个主要维度

下面我们介绍如何将客户心理画像应用于个险渠道的销售。

1. 识别客户心理画像,消除客户心理防线

在我们与新客户接触的过程中,成交是我们的最终目的,但最好不要把成交作为我们首先考虑的问题,因为客户往往会觉得我们的目的性太强,从而产生抵触情绪。

我们应该把关注客户的感受作为我们的第一任务,也就是要更多地了解客户,包括客户的角色信息、沟通方式、内在动机以及保险意愿,并据此描绘出客户的心理画像。

以客户心理画像为基础与客户交流,能改变客户对于我们身份的刻板印象,消除客户的心理防线。让客户愿意接受我们是改变客户对我们身份认知的第一步,具体行动如下。

(1) 避免推销式的开场,改变刻板印象

客户最初对我们的身份会有一种天然的抵触情绪,这源于客户对保险销售人员的刻板印象。那么,刻板印象是如何产生的呢?这往往是因为我们过于急功近利,一见面就直接推销。优秀的保险销售人员在刚接触客户时通常都不会跟客户交谈有关保险的话题,他们与客户第一次见面时常常会找机会说一些拉近距离的话,例如:"您确实非常有眼光,所以工作和生活都很成功。"

避免推销式的开场,能让客户更好地接受我们,同时不会因为我们的身份而产生抗拒心理。

(2) 利用请教式的发问,了解客户的真实意愿

改变第一印象之后,我们需要识别客户的心理画像、询问客户的实际意愿、了解客户对保险的真实看法。用"请教交流"代替"生硬推销"可以让客户感觉到我们对他的尊重,我们不能将关键点放在推销上,而应重点了解客户自身的意愿,与客户站在一起,想客户之所想,从而打动客户。例如:"不知道您能不能解答我的一个困惑,您对于保险有怎样的看法呢?"

我们需要了解客户心里的想法,也就是内在动机。通过描绘客户的心理画像、聆听客户真实的声音,关注客户本身,以便让客户更好地接受我们。

(3) 围绕客户心理画像制造话题,消除客户心理防线

我们要适当回避与保险有关的话题,更多地利用客户的心理画像去制造话题。假如我们知道客户的老家是重庆的,我们应该如何寻找话题呢?例如:"重庆真是

个好地方,我十一假期刚去了一趟,重庆的火锅真好吃。"这其实利用了心理学中的相似效应,即我们会对与自己有着相似经历的人产生好感,产生交流的兴趣。

我们可以利用客户心理画像去寻找突破口,激发相似效应,激发客户的交流欲望,以便我们更多地了解客户心理画像,进而不断地削弱客户的心理防线,做一个让客户接受的人。

2. 迎合客户喜好,拉近与客户的心理距离

如果我们想与客户建立长期的联系,只消除客户的心理防线还远远不够,我们还可以利用客户的心理画像找到客户的喜好与关注重点,拉近与客户的心理距离,做一个让客户愿意交流的人,具体行动如下。

(1) 注重沟通过程,让客户保持愉悦的心态

在与客户沟通的过程中,我们可以识别客户的沟通风格,迎合客户。

表现型沟通风格的客户喜欢受到称赞,那么,我们在与这类客户沟通的过程中就要注意时不时地递上几句恭维的话,例如:"您今天穿的这身衣服跟您的气质太搭了。"如果是控制型沟通风格的客户,我们就需要在沟通过程中给予客户更多的尊重,让他们获得成就感,例如:"听了您刚刚的见解,我的认知也有了很大的提升啊。"

用客户喜欢的方式与客户沟通,可以增加客户对我们的好感。此外,我们还可以从客户的家庭角色切入,例如,一位母亲往往不会拒绝别人对她孩子的夸奖。

营造轻松愉快的沟通氛围可以有效地拉近我们与客户的心理距离,其中的关键是利用客户的心理画像找到客户的喜好,获取客户对我们的好感。

(2) 体现自身专业形象,建立初步信任

在赢得客户好感的基础上,我们还应该围绕客户关注的重点去体现我们的专业性。我们可以通过朋友圈分组营销的方式,展示我们的成功案例。

例如,母亲往往更关注子女的教育以及健康,将这部分客户识别出来并设置分组后,我们可以多发一些这类保险客户关注的信息,如公司的相关产品或者成功案例等。这类客户不关注的内容,我们可以尽量不让她们看到,这样既减少了客户频繁刷到无关内容引发的反感,又能让客户了解到与她们切身相关的内容,同时还能体现我们的专业形象,赢得客户对我们的信任。

(3) 制造符合客户心理的惊喜,增进人际关系

在与客户不断接触的过程中,我们还可以根据客户心理画像,按照客户的喜好

为其挑选一些小礼物。例如：社会中上层的客户往往有更多的物质资源，他们更愿意去获得一些新奇的体验，所以我们可以为他们提供演出门票或者讲座的机会；而社会中下层的客户会更喜欢获得一些实际的礼物，我们可以赠送他们一些有价值、实用性高的物品。此外，给客户的孩子送礼物，他们往往不会拒绝，一般会欣然收下。

利用客户心理画像，我们可以更精确地了解客户的喜好和关注重点，以此为出发点，我们可以有效地拉近与客户的心理距离，激发客户的交流欲望。客户一旦接受了我们，就会变得更愿意与我们沟通。当客户有了购买需求后，会直接联系我们，最终达成交易。

3. 满足客户的心理需求，体现自身价值

当我们与客户的关系有了显著的提升后，就可以尝试与客户交谈与保险相关的话题。需要注意的是，保险话题要围绕客户的心理画像展开，也就是要满足客户的心理需求，以此真正体现我们的价值，做能够给客户带来帮助的人，具体动作如下。

（1）从需求出发，提供针对性服务策略

客户对于保险的需求是个性化的。不满足客户需求的推销往往无法真正打动客户，甚至还会引起客户的抵触情绪，前功尽弃。

不同社会阶层的客户对保险有不同的关注重点。例如：社会上层的客户会更加关注财富传承、财富保全、风险转移以及高端医疗服务；而社会中下层的客户往往更加看重基本的生活保障，如意外保障、失业保障等。

不同家庭角色的客户也有着不同的痛点。父辈客户承担着上有老下有小的"顶梁柱"压力，他们更需要为自身做好保障；而未婚的年轻人更希望减轻家庭负担，独立应对未知的风险。

利用客户心理画像的"需求营销"，可以帮助我们站在客户的角度考虑问题，这会让客户觉得我们对于保险有着更深的认知。我们给客户提供的不仅是冷冰冰的产品，更是一种温情的服务。

（2）抓准客户心理变化关键点，实时跟进

在满足客户需求的过程中，我们还要时刻注意观察客户的心理变化。比如，客户可能会因为身边朋友或亲人的实际问题，主动与我们聊起保险方面的话题，这时我们要根据对客户心理画像的把握,精准跟进,提供与客户关注重点密切相关的产品。

同样,我们还可以根据客户心理画像制造引起客户心理变化的关键点。例如,针对关注实际健康保障的社会中下层客户,我们可以时不时地在朋友圈推送一些理赔相关的内容,让客户了解我们能带来的具体价值,从而引起客户的关注,促进客户转变意愿。

(3) 整合自身资源,做对客户有帮助的人

除了直接影响,我们还可以通过间接的方式体现我们的自身价值。利用客户的心理画像,我们可以针对不同类型的客户提供一些讲座、辅导类的参与机会。例如:表现型的客户喜欢热闹的氛围,当公司举办一些轻松的娱乐活动时,我们可以邀请这类客户来参加;分析型的客户更喜欢获得新知识,当公司有公开讲座时,我们不妨尝试邀请这类客户参加。

我们要充分整合自身资源,让客户认可我们的价值,并让客户了解到我们是能够帮助他们的人,从而更深一步转换客户意愿。

4. 提高客户的心理满足感,呼唤客户行动

当客户产生购买意愿时,我们需要进一步落实客户行动,其中的关键在于提高客户的心理满足感,让客户感受到我们是真正能够为他们解决问题的人,并从客户心理出发,呼唤客户行动,具体动作如下。

(1) 找准适当时机,督促客户行动

客户心理画像能够帮助我们实现高效落单,利用客户心理画像可以发现影响客户最终决定的关键因素。例如,因为亲和型沟通风格的客户在做决定时喜欢与大部分人保持一致,所以我们可以告诉客户:"我这边跟您情况类似的客户,都是选择投保这款产品,"这样能够有效地打消亲和型客户最后的顾虑。因为分析型客户更看重的是细节和专业,所以当面对分析型沟通风格的客户时,就需要利用我们对产品细节的了解,通过对比同类产品为客户做详细的解释。

在关键时刻,如果我们能够针对客户关注重点着力推动,那么就能在一定程度上提高客户的心理满足感,实现快速落单。

(2) 优化成交流程,消除客户顾虑

在客户投保之后,还有核保这项关键的动作。在投保与核保之间,我们要不断

根据客户心理画像向客户反馈信息,以此提高客户的心理满足感。例如:控制型客户更加关注结果,因此我们要高效推动核保的进程,尽快给这类客户做出结果反馈;分析型客户更加关注过程,这就要求我们在推动核保的过程中,及时将我们的动作与进展向客户汇报,让客户了解实时进程,获得心理满足感。

根据客户心理画像优化成交流程、动作,能让客户感到我们是能够帮助其解决问题的人,从而进一步加深与客户的信任关系。

(3)保持长期联系,做好客户维护

成交之后,我们应该及时向客户表示感谢,并根据客户心理画像对不同类型的客户进行不同方式的维护,建立更深层次的关系,这样客户才会更加愿意为我们转介新客户,不断扩大我们的客户来源。

个险销售人员在工作过程中,约有60%的时间花在与客户沟通上,有时我们说了很多却不能引起客户的兴趣,这是因为我们没有客户清晰的心理画像,不了解客户的实际需求,也没找到客户喜欢的沟通方式。

客户心理画像的有效识别可以改变客户对我们的看法,能够帮助我们快速走进客户的内心,从而带来更多的客户资源。

4.2.2 客户心理画像对高净值客户的应用

全球领先的中国高净值人群权威研究机构胡润研究院发布的《胡润-中国千万富豪品牌倾向报告》显示,2020年高净值人群消费力受疫情影响不大,家庭年均消费略高于上一年。高净值客户人群是保险行业重点关注的服务对象,是各大保险公司争抢的资源。

1. 高净值客户对保险公司的价值

保险行业发展至今,高净值客户一直是保险行业最优质的客户资源,保费贡献度和稳定性都比较高。高净值客户投保的保单一般保费保额高、价值贡献大、承保利润多,能为保险公司提供长期稳定的利润来源。高净值客户具备续保和加保的经济实力,能免去保险公司及销售人员的后顾之忧。高净值客户普遍素质较高,对自己的投资有理性的判断,另外,他们还拥有持续稳定的收入,售后问题最少,且投保满意度高。

市场环境瞬息万变,保险市场竞争激烈,谁能准确把握高净值客户不同生命周期对保险价值的感知,谁就能在高净值客户市场占据优势地位。

2. 高净值客户的保险价值感知急剧变化

新冠肺炎疫情发生前,高净值客户最关注的就是财富传承。在高净值客户已购的保险类型中,养老传承类保险购买的比例最高,占比接近50%,重疾险的配比约占总保险配置的25%。

新冠肺炎疫情缓解后,高净值客户在关注财富传承的同时,更关注健康和保健。《2020中国高净值人群健康投资白皮书》调研显示,受新冠肺炎疫情影响,高净值人群的价值观发生了变化。高净值人群过去单纯追求财富传承,而现在不仅关注财富传承,还更加关注健康和保健,逐渐形成了一个综合全面的健康观。调研数据显示,约85%的高净值人士认可商业保险的功能,认为它既能实现财富传承,又能应对突发的人身风险。

由此可见,客户的痛点和关注点都在不断发生变化,高净值客户对保险价值的感知会随着社会发展、时间推移、家庭生命周期等发生变化。客户心理画像有助于精准捕捉客户痛点,帮助客户配置符合实际需求的保障方案。

3. 心理画像推动高净值客户落单

若想让高净值客户快速感知保险产品及服务的价值,我们需要了解这一群体感知价值的过程,心理学的PEDA营销服务沟通理念可使客户感知保险产品及服务的价值。

客户感知价值的过程分为感觉阶段、知觉阶段、注意阶段以及落单阶段。感觉阶段的主要心理沟通目标为洞察客户;知觉阶段的主要心理沟通目标为建立关系;注意阶段的主要心理沟通目标为转换意愿;落单阶段的主要心理沟通目标为督促行动。

客户心理画像在客户感知价值各阶段的作用如下。

(1)感觉阶段——用心理画像识别高净值客户心理特征

在这个阶段,物理能量转化成大脑能够识别的神经编码,从而促使客户建立对保险产品及服务的最初印象。通过沟通交流及信息采集,高净值保险客户心理画像能勾勒出客户心理偏好及痛点需求的具体明细,帮助销售人员制定高净值客户保险方案,并以客户接受的方式呈现。心理画像维度包括但不限于高净值客户分层、高净值客户生命周期痛点、高净值客户沟通风格、高净值客户家庭角色、家庭及个人保险缺口、高净值客户投保意向。

(2) 知觉阶段——用心理画像与客户建立信任关系

这个阶段旨在通过有效的心理沟通与客户建立信任关系,促使高净值客户对保险销售人员产生良好印象,增进其对保险产品和服务的理解。客户心理画像在心理沟通中扮演重要角色,心理画像维度包括但不限于客户风格应对策略、保险方案诊断策略、星级关系提升策略、保险需求精准定位策略。

(3) 注意阶段——用心理画像引导高净值客户做出决策

在这个阶段,保险销售人员结合客户对保险的认识、购买经验和当前感觉,通过客户的情绪、反应、表达内容等,推断客户当下的投保意向,用心理画像引导高净值客户做出投保决策。心理画像分析与策略包括但不限于客户痛点解决方案、客户投保异议应对策略、保险计划商谈策略、家庭及个人投保跟进策略。

(4) 落单阶段——用心理画像促成高净值客户投保

在这个阶段,保险销售人员通过为高净值客户匹配量身定制的需求方案,实现双方的有效沟通,从而促使高净值客户落单。有效的落单方案定制要满足以下几个原则。

① 高性价比(Cost Effective):我们要让客户感觉获得的保险价值高于支付的保险费用,同时,我们还要保证提供的专属服务能让高净值客户体验到特有的阶层优越感。

② 需求满足(Demand Satisfaction):我们要在客户生命周期需求及实际心理需求之间找到平衡,设计出最为匹配的投保方案。

③ 赢的感觉(Feeling of Victory):我们要客观全面地展现保险利益、保险服务范畴、高端响应服务等实际权益,同时也要向客户说明社会地位提升、资产保全等附加功能,争取帮助客户获得更多资源。

总而言之,高净值客户在社会阶层中占据优势地位,比一般消费者更看重产品及服务的价值。通过 PEDA 营销服务,客户心理画像能够帮助保险销售人员与客户快速建立信任关系,找到打开"心动时刻"的按钮,最终实现高净值客户、销售人员以及保险公司的多方共赢。

4.2.3 客户心理画像在保险电话销售场景的应用

目前,基于 AI 心理引擎的客户心理画像已经在银行业落地使用,并已经为银行的电话销售和信用卡催收业务带来了关键性赋能与显著的绩效提升。在研究保险行业电销场景的过程中,我们发现保险电话销售存在重要的问题,而解决的关键在于应用客户心理画像与 AI 心理引擎技术。

1. 保险电销存在的三大关键问题

(1) 对客户需求缺乏深层洞悉

大部分的保险企业对客户名单采取粗放式的管理,这使得海量客户名单成为"过时"名单或"低产出"名单。保险企业急需挖掘名单中众多老客户的潜在需求,而这就要求企业具备洞察客户深层需求的能力。

(2) 对各类客户缺乏针对性策略

面对现如今千人千面的新生代客户,保险行业标准化的电销话术颇显单一,缺乏针对性策略。保险企业要对不同类别的客户采用针对性的电销策略和话术,这就需要一种更能洞悉客户心理的手段。

(3) 对客户关系提升缺乏有效的心理学策略

加强客户关系是保险业务的关键工作。客户对电话销售有着天然的抗拒心理,这是久攻不下的关卡。保险企业电销座席若要突破客户的这道天然心理屏障,则需要科学、高超的心理学策略。

2. 客户心理画像从"知、情、意、行"四个方面赋能保险电销座席

(1) 知——洞察客户心理

对于保险行业来说,洞察客户心理、预见客户未来行为最好的办法就是使用基于 AI 心理引擎的客户心理画像系统。

美国著名心理学家戴维·麦克利兰(David. C. MeClelland)提出的冰山模型表明,如果人是一座冰山,那么传统客户画像采集和预见的客户行为仅仅是冰山露出水面的1/10。人的行为是多样的、心理是复杂的,如果要触及冰山以下的部分,就要利用心理学与 AI 技术。

洞悉心理维度,挖掘更深的成交需求。虽然有的客户已经投保,看似已经没有需求,但其深层次的需求仍有待挖掘。这类客户最大的特点是表层需求已经被挖掘,更深层次的需求依然存在,但是本人意识不到,且一般的保险电销座席无法触及。客户心理画像技术可以帮助保险电销座席洞察客户深层心理。具体见下面的示例。

客户:"我这么年轻,买什么保险啊。"(客户心理画像维度标签:厌恶经济负担)

保险电销座席:"是的,年轻人赚钱能力强,但花销也大,确实很多年轻人不太愿意省吃俭用去购买保险。不过我这里很多年轻客户投保的险种都是缴费期长、保费很低、负担也很小的类型。如果因为特殊情况不能工作,赔付也足够支撑他们这段时间的生活。年轻的时候投保年金险,已经帮助我的很多客户解决了月光的烦恼。"

客户:"哦,真的吗?他们投保的是什么险种?"

(2)情——维系保险电销座席的通话过程

通过共情策略,保险电销座席可以突破客户抗拒电话销售的天然屏障。这种障碍是保险电销座席成功出单要翻越的一座大山,具有这种处理能力的保险电销座席与其他保险电销座席相比,出单率可谓天差地别。共情是心理咨询中的一种关键技术,由人本主义流派开创者卡尔·兰塞姆·罗杰斯(Carl Ransom Rogers)提出,他的整个职业生涯和无数后继者的成功经历告诉我们,共情技术在人与人建立关系的各种场景都有非常关键的作用。

共情话术有助于维系保险电销座席的通话。当客户提出"保险免谈"的异议时,保险电销座席一定要明白,这只是客户面临陌生销售电话时的一种正常反应,并不意味着本次电话销售没有任何出单希望。客户拒绝的背后往往有其特殊的生活体验,参考心理画像的共情话术,可以大大提升与这些客户继续沟通的概率。具体的示例如下。

客户:"又是卖保险的,免谈!"(客户心理画像共情话术:好奇客户在保险方面不愉快的经历)

保险电销座席:"王先生,我感觉您对保险比较反感啊,过去您在保险方面有什么不愉快的经历吗?"

客户:"别提了,一提这事儿我就来气……"

（3）意——提供千人千面的策略话术

应用客户心理画像，保险电销座席可以在通话中实时获得千人千面的策略话术，提高出单率。大众传播心理学研究发现，人们在关注信息的时候有选择性暴露的倾向，会更加关注那些与自己相关、立场相仿的信息。

千人千面的话术策略实时帮助保险电销座席出单。保险电销座席在向客户介绍保险时，有些客户会显得心不在焉，只是偶尔敷衍一下。客户之所以会出现这种情况，很可能是保险电销座席介绍的内容没能引起他的注意与兴趣。客户心理画像依据选择性暴露原则，通过千人千面的策略话术，实时帮助保险电销座席出单。具体的示例如下。

客户："哦，这样，嗯嗯……"（客户心理画像维度标签：非常重视子女教育；客户心理画像策略话术：与客户讨论其子女未来教育的资金压力）

保险电销座席："刚才介绍的产品您可能不太感兴趣，我这里也有很多二胎家长，他们为了解决孩子未来的教育经费问题也会来电询问，而且我们也有相关类型的险种。"

客户："嗯？你说说看。"

（4）行——提供个性化的关系维护策略

应用客户心理画像，保险电销座席能更好地与客户维系长期良好的关系。缺乏科学有效的心理策略，便难以做好关系维护工作，更不用说其他特殊情况。认知心理学的研究发现，人的行为受认知调控。关系维护方案只有匹配客户的认知模式与内在动机，才能保持关系良性发展，从而应对各种突发状况。

私人定制为关系维护保驾护航。很多客户会在理赔不如意之后给保险公司打上"骗子公司"的标签，无论原因是什么，这一定是客情关系维护的危机事件。客户心理画像能根据客户实际情况输出定制的关系维护策略。具体的示例如下。

客户："你们保险公司都是骗人的，我再也不会相信你们了。"（客户心理画像维度标签：服从权威、信任政府；关系维护策略：以交强险为例，向客户说明国家和法律对保险业的约束）

保险电销座席："我能理解您的气愤，但是国家规定汽车必须投保交强险，这说明国家对保险行业有非常严格的要求和规范，如果我们做出欺骗或者违规的事情，法律对我们的制裁是非常严重的。"

客户："这倒也是，上次是因为……"

基于 AI 心理引擎的客户心理画像技术在保险电销场景有很高的应用价值，特别是在建立信任关系和转换意愿方面，我们期待保险电销从业者们能在这一技术的加持下更加出色地完成工作。

4.2.4 客户心理画像在电话退保劝阻场景的应用

1. 电话退保劝阻面临的挑战

利率降低和退保率上升是保险行业长期面临的核心挑战。NMG Consulting 在研究报告中指出，对寿险而言，代理人渠道销售的保单在第三年的退保率显著上升，而在非代理人渠道销售的保单通常在第一年退保率就达到最高。同时，多个市场的调研都显示，客户一旦决定退保，其态度往往难以改变，这对座席和业务员的退保劝阻工作提出了越来越高的要求。

2. 电话退保劝阻的三个经典步骤

总结各类保险产品的电话退保劝阻话术，我们发现电话退保劝阻有三个经典步骤。

（1）表明自己的立场

表明自己的立场，指的是座席用话术向退保客户表明立场，说明自己与该保单无相关利益，而是从客户利益的角度去考虑问题。座席向客户表明立场的目的是消除客户心理障碍，拉近距离，为下一步沟通做好准备。

（2）找到退保的真实原因

找到退保的真实原因，指的是座席用话术探查、确认客户退保的真正原因。客户退保一定是有备而来，有的会提前准备好理由，有的则根本不愿意交谈，无论哪种情况，座席都需要探明客户退保的真实原因。这一步骤的目的是让接下来的劝阻沟通产生效果。

（3）转换客户意愿

转换客户意愿，指的是座席用话术动摇乃至改变客户退保的想法。一部分客户的退保需求可以由座席自行劝阻解决，这就需要座席在熟知各类退保需求的同时，运用科学且适应客户特征的话术来改变客户的态度。这一步骤的目的是动摇客户的退保决心、阻止退保行为、促成二次销售。

3. 客户心理画像赋能电话退保劝阻

目前,基于 AI 心理引擎的客户心理画像已在银行业落地实践,并显著提升了绩效与客户满意度。基于对保险行业各个市场的调查研究,我们认为电话退保劝阻工作可分为三个经典步骤:深层洞悉、指导共情与心理策略。

(1) 深层洞悉:更有针对性地表明立场

基于 AI 心理引擎的客户心理画像,从沟通风格、社会角色与心理需求三个方面深层洞悉客户,可以帮助座席在电话退保劝阻场景中更有针对性地表明立场。

① 针对客户沟通风格标签表明立场

客户心理画像标签:老虎型(沟通风格标签之一)。

表明立场话术建议:先发制人、坦率直接、简明扼要、直入主题。

表明立场话术示例:现在退保的话,您只能拿回现金价值 XXX 元。为解决您的燃眉之急,我建议您申请保单贷款。保险本身也是一种长期投资,不能因为有别的投资就放弃保险。如果没有长期投资,在人生遭遇变数的时候,势必会影响衣食住行,使全家的生活品质一落千丈,所以长期投资是必不可少的,您说对不对?

② 针对客户社会角色标签表明立场

客户心理画像标签:社会中层(社会角色标签之一)。

表明立场话术建议:打破临界平衡状态、破坏安全感。

表明立场话术示例:如果这份保险对您来说确实是一个很大的负担,我认为您的选择是完全可以理解的。但像我们这样上有老下有小的情况,如果保障突然消失,可能会大大增加您的心理负担。

③ 针对客户心理需求标签表明立场

客户心理画像标签:厌恶损失(心理需求标签之一)。

表明立场话术建议:强调退保损失。

表明立场话术示例:退保很简单,只要在我这边签了字,这张保单就可以退。但是您现在退保不仅会失去保障,还会因为违约造成一定的经济损失,初步算了一下大概是 XXX 元,希望您再考虑一下。

(2) 指导共情:更快更准地挖掘退保的真实原因

基于 AI 心理引擎的客户心理画像,能够帮助识别客户情绪,为座席提供指导共情的话术,从而提高座席挖掘退保原因的效率与准确性。退保客户往往会找理由不愿沟通,情绪识别和共情策略是解决此类问题和快速建立关系的最好办法之一。

① 共情焦虑情绪,挖掘退保原因

客户情绪标签:过度焦虑。

原因挖掘话术建议:情绪反馈、保持好奇与关注。

原因挖掘话术示例:您听上去有点焦虑(情绪反馈),请问这个产品有哪些地方让您感到担心呢?(好奇语气的开放式提问)

② 共情愤怒情绪,挖掘退保原因

客户情绪标签:中度愤怒。

原因挖掘话术建议:情绪反馈,用恰当的语音语调询问。

原因挖掘话术示例:您不要激动(情绪反馈),您对这个产品有什么不满的地方,可以跟我讲讲吗?(用恰当的语音语调询问)

③ 共情无奈情绪,挖掘退保原因

客户情绪标签:无可奈何。

原因挖掘话术建议:情绪反馈、关心并支持的询问。

原因挖掘话术示例:我感觉您好像挺无奈的(情绪反馈),是遇到了什么困难吗?或许我可以帮您一起想想办法。(关心并支持的询问)

(3)心理策略:更有效地转变客户意愿

基于AI心理引擎的客户心理画像,加上金融行业专家与心理专家不断更新的策略库,能根据客户退保原因提供科学有效的心理策略和话术。客户退保意愿坚决的情况下,座席有劝阻退保的职责,所使用的策略需要足够科学有效,如此才能避免双方陷入僵局。

① 因"没钱交不起"而退保的劝阻策略

退保观点标签:重视家庭责任。

劝阻话术策略:不反驳客户退保的观点,强调续保就是重视家庭责任。

劝阻话术示例:我理解,您退保也是想为家庭节省一些开支,但是对于您这么有责任心的人来说,如果保障突然消失,万一未来家庭成员需要保险,您怎么担起这个大家长的职责呢?

② 因"认为保险没用"而退保的劝阻策略

退保观点标签:认为风险极少发生。

劝阻话术策略：不反驳客户退保的观点，强调保险关键性的作用。

劝阻话术示例：对于客户来说，出险确实有一定的概率。只是人的一生漫长，难免会有一些意外，以现在医疗水平的发达程度，无论是生病还是意外，救治的成功率都高了许多。当需要负担高昂的医疗费时，保险赔付给您提供的帮助和支持非常关键。

③ 因"买了社保"而退保的劝阻策略

退保观点标签：需要防范风险。

劝阻话术策略：不反驳客户的观点，强调商业保险可以增加风险防范能力。

劝阻话术示例：您有社保，说明您还是比较重视风险防范的。但社保的报销比例低，免赔额也略高，还会限制用药种类；而商业保险一旦出险，其赔付的金额是相当可观的，而且对于免赔额和报销比例的限制也几乎没有。

NMG Consulting 的调研报告报显示，有约 12% 的保险购买者表示，购买保险是因为认可保险代理人。但也有约 11% 的放弃退保者表示，自己放弃退保是因为受到了电话座席或保险代理人的影响。诚然，电话退保劝阻工作绝非易事，但经过初步调研分析，我们认为，基于 AI 心理引擎的客户心理画像可以从深层洞悉、指导共情与心理策略三个方面赋能电话退保劝阻工作，让电话退保劝阻工作经典的"三板斧"更加锋利。

4.3 AI心理引擎对保险营销服务的改进

4.3.1 行为改进——AI心理引擎赋能保险营销团队的能力提升

本小节将重点讲述保险营销团队行为改进的 AI 心理引擎赋能，下面给出一个保险相关的案例。

李先生去年投保了一份 10 万元的年金保险，因急需用钱，专门来保险公司前台办理保单贷款。但前台服务人员小王却告知客户只能贷款 5.5 万元，李先生怒气冲冲地说道："当初我在银行购买保险时，你们说是保本保息，可贷款 70%，那应该是 7 万元，怎么少了这么多？"小王跟客户说："条款中写明可以贷款现金价值的

70%。"李先生大发雷霆,拿出一张纸条,一口咬定是销售人员的承诺,纸条上面写着"本金一次性缴费,保本保息,急用钱可贷款70%"。小王只好请来运营部郭经理来协助,郭经理当面解释,客户终于平息怒火,但要求款项必须24小时到账,而当日到账需要总分公司联动才能操作,于是运营部郭经理立刻请示分公司总经理张总。张总了解事情的来龙去脉后,对客户的要求表示体谅,但对违规行为尤为恼火,因为这已经是本周的第二个销售误导问题事件。张总曾反复要求基层营销人员合规销售,如今却遇到客户三番五次的投诉。

针对上述困境,我们从以下三方面来进行分析。

1. 高层决策者——PTP 团队管理策略

销售误导是监管部门和保险公司明令禁止的一种行为,上述案例中出现的销售误导问题引起了分公司总经理张总的注意,而 AI 心理引擎 PTP 团队管理策略将是高层决策者的好帮手。PTP 团队管理策略包括市场感知(Market Perception)、团队赋能(Team Empowerment)、人岗匹配(Position Match),具体介绍如下。

(1)市场感知

从外部市场角度来看,AI 心理引擎能快速感知消费人群心态变化、监控团队营销服务品质、提供营销服务合规策略等,我们要杜绝出现案例中的销售误导、盗用概念等问题。

(2)团队赋能

通过利用员工心理画像策略,保险公司管理层能够快速做出人才战略布局。另外,结合各团队特点,我们可以设置相应地激励方案,提升团队综合效能。

(3)人岗匹配

近年来,保险员工的工作满意度连续下降,频繁跳槽扰乱了企业的正常工作秩序。保险员工心理画像可以助力人岗匹配,促进团队稳定,降低营销服务的风险。

2. 中层执行者——DEC 执行管理策略

案例中的运营部郭经理花费不少时间在客户投诉上,那么,怎样才能降低中层管理者对接客户的时间成本呢?DEC 执行管理策略是中层执行者的好助手。DEC 执行管理策略包括数据分析(Data Analysis)、应急处理(Emergency

Handling)、辅导沟通(Coaching Communication),具体介绍如下。

(1) 数据分析

AI心理引擎可以定向分析数据,定向、定期形成团队DEC分析报告,并根据中层者需求提供心理应对策略。

(2) 应急处理

当客户投诉、现场闹事等突发状况发生时,AI心理引擎系统能够提供应急策略和紧急预案,防止矛盾激化。

(3) 辅导沟通

AI心理引擎能根据中层执行者的个人职业画像和工作任务,提供自我沟通风格分析及提升的建议。

3. 基层营销服务者——PEDA销售服务策略

案例中的保险营销人员没有正确地与客户建立信任关系,这才出现了"纸条承诺"、使用"本金""保本保息"等具有误导性字眼的销售行为。PEDA销售服务策略可以提供合理、科学的保险服务销售方案,引导基层员工做好知、情、意、行四个步骤。

(1) 知——洞察客户

AI心理引擎可以帮助营销服务人员洞察客户,快速识别客户的社会阶层、沟通风格、家庭角色、心情状态等,为不同层级的客户提供匹配的投保方案。

(2) 情——建立关系

AI心理引擎将保险客户群体划分为五大类型,同时针对不同类型的客户提供不同的识别和应对策略,推动双方建立信任关系。

(3) 意——转换意愿

AI心理引擎将保险客户关系值分为一星至五星,倡导客户关系值达到四星及以上再考虑保单促成。不同的星级客户对应不同的意愿转换策略,体系化策略可以减少沟通成本,缩短心理谈判过程。

(4) 行——督促行动

当客户有购买意向后,AI心理引擎可以提供促成策略,这种策略可以促进双方合作落地,协助基层员工挖掘后续的二次销售及转介绍。

随着市场竞争白热化,保险产品的营销及服务急需升级。AI心理引擎能高效满足高层管理者、中层执行者及基层营销服务者三大层级的实战需求,同时能够使无形的产品及服务在客户心中产生正向认知,进而转化成为有形的保单。

4.3.2 系统改进——AI心理引擎重塑保险营销服务系统

利用心理学方法论改造当前的保险营销服务,不应该仅停留在线下讲授的层面上,更应当落实到营销服务人员日常使用的业务系统中去。

1. AI心理引擎需与保险营销服务业务系统集成

只有与保险营销服务业务系统集成,AI心理引擎才能最大限度地发挥作用。以常见的保险销售场景为例,AI心理引擎为每位保险销售人员增加了一副"外眼"和"外脑"。也就是说,AI心理引擎通过与保险营销服务业务系统集成的方式,对客户不同维度的数据进行采集、脱敏处理和分析,从而生成客户心理画像。根据不同的心理画像结果,将相应的销售流程与动作、销售策略与方案、参考话术等内容输出至保险营销服务业务系统,供前端的销售人员参考使用,保险行业AI心理引擎功能架构如图4.2所示。

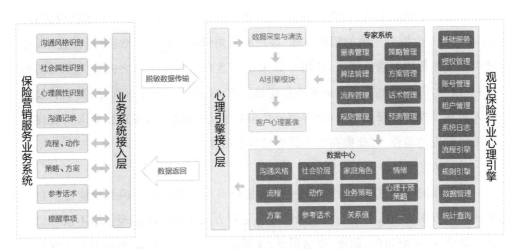

图 4.2　保险行业 AI 心理引擎功能架构

2. AI心理引擎赋能保险营销服务全流程

AI心理引擎通过下面几个步骤帮助销售人员进行保险销售。

(1) 持续采集客户信息，更新客户心理画像

当销售人员在业务系统中记录和维护客户信息时，更新后的信息经脱敏处理后，可由 AI 心理引擎进行客户心理画像系统的调用。心理画像所需的客户信息主要有以下三类。

① 客户资料。销售人员在填写客户资料时，除了要填写保险业务本身所需的信息(如年龄、性别、职业、健康状况等)以外，还要额外补充更多的其他信息(如收入水平、学历、家庭成员信息等)。

② 沟通记录。在每一次沟通结束后，销售人员应如实进行记录与反馈(如沟通方式、持续时长、沟通结果、客户反馈结果等)。

③ 客户标签。在沟通的过程中或沟通结束后，销售人员可根据客户在沟通中的行为表现和对话中的客户反应在系统中选择相应的标签。

(2) 提示标准流程，建议下一步动作

AI 心理引擎提供一整套标准的服务流程作为销售人员开展业务的指引，流程由阶段、环节和动作组成。例如，保险的销售流程可分为洞察客户、建立关系、转换意愿和督促行动四个阶段，每个阶段中都有细化的环节和具体的销售动作。

虽然有标准的流程，但在实际销售场景中并不一定照着流程按部就班进行。AI 心理引擎会综合当前的销售目标、客户心理画像和关系值分数(此处涉及 AI 心理引擎中独创的关系值算法，即用分数来量化客户与销售人员之间的关系密切程度)等信息，实时调整下一步销售动作建议。那么，在关系尚未巩固前，我们建议销售人员执行提升客户关系的动作，而一旦关系值达到阈值，则建议销售人员直接执行下一阶段的动作，以此提高整个销售过程的效率。

(3) 制定满足心理需求的保险方案

在保险的销售过程中，制定保险方案是必不可少的，AI 心理引擎能提供自动生成保险方案的功能。与传统的保险方案定制方式不同，AI 心理引擎不仅考虑了客户的背景(家庭角色、职业、生命周期、支付能力)，还将心理需求也纳入了保险产品匹配的逻辑中。保险销售人员在系统中选择客户的保险需求关键词并提交后，AI 心理引擎将综合客户的心理画像、心理需求和保险业务需求，自动生成一份完整的保险产品方案。该方案既包括常规保险计划书中所涉及的具体保险产品名称和搭配组合，又包含基于心理需求的产品卖点提示。

（4）推荐策略与参考话术

AI心理引擎通过提示相关策略和参考话术的方式降低了心理学方法论的使用门槛。在每个流程阶段的执行过程中，AI心理引擎都有对应的策略提示，这可以让销售人员明白该做什么、怎么做、需要注意些什么。主要的策略有沟通应对策略、关系策略、销售策略、痛点施压策略以及转化策略等。

在提供策略的基础上，AI心理引擎还可提供参考话术示例供销售人员使用，最大限度地提高策略执行的可操作性。参考话术包括两部分：一是就某个销售动作而言的金牌话术；二是针对沟通过程中客户某些反应的应对话术。当然，话术也并非千篇一律，AI心理引擎会根据客户的心理画像结果推荐最适合的话术示例。

（5）进行事项提醒

成交不是销售的结束，而是下一次销售的开始，因此我们仍需要持续跟进老客户。在营销服务系统中，AI心理引擎会提醒销售人员以适当的频率跟进老客户，并给出相应的沟通建议，帮助销售人员与客户维持长期关系。AI心理引擎中的预测模型还能随着时间的推移，预判并提醒该客户潜在的心理需求，为销售人员进行保险产品的二次销售提供契机。

3. AI心理引擎助力保险营销服务更上一层楼

当前，保险行业的信息化程度仍然较低，行业内的人员流失情况依旧较为严重，这些都阻碍了保险营销服务的进一步发展。我们相信，引入AI心理引擎重塑保险营销服务系统，将为保险行业带来一番新气象。借助AI心理引擎可以提升信息化水平和服务质量、提高从业人员的绩效和客户满意度、加快员工的成长速度、降低人员流失率。

我们相信，保险营销服务在AI心理引擎的助力下会早日进入"心理营销"时代。

参考文献

[1] 中国人工智能发展报告 2020[EB/OL]. (2021-04-16)[2021-06-01]. https://www.sohu.com/a/461233515_120056153.

[2] 中国人工智能产业生态图谱 2019 [EB/OL]. (2019-5-21)[2021-06-01]. https://www.analysys.cn/article/detail/20019337.

[3] 涂子沛. 数文明[M]. 北京:中信出版社,2018.

[4] 得助智能:人工智能爆发增长,对企业营销服务有何影响？[EB/OL]. (2020-03-10)[2020-09-19]. www.sohu.com/a/378901489_120142044.

[5] 埃森哲报告:人工智能如何驱动中国的经济增长[EB/OL]. (2017-06-28)[2020-09-19]. https://www.sohu.com/a/152816014_723110.

[6] 数据时代 2025[EB/OL]. (2018-12-21)[2020-09-19]. https://www.chinastor.com/market/12214001R018.html.

[7] 推荐引擎如何为营销带来价值[EB/OL]. (2017-11-13)[2020-09-19]. https://zhuanlan.zhihu.com/p/30983665.

[8] AI 读取面部情绪,已经成为 200 亿美元的大生意[EB/OL]. (2019-03-10)[2020-09-19]. https://baijiahao.baidu.com/s? id ＝ 1627590755530107164＆ wfr＝spider＆for＝pc.

[9] 得助智能:除智能外呼智能客服,AI 营销已经如此先进？[EB/OL]. (2020-03-10)[2020-09-19]. https://www.sohu.com/a/378897587_120142044.

[10] 好奇心日报. 一家数据公司分析了名人们的语言模式,看看他们都有怎样的性格［EB/OL］. （2018-02-26）https://baijiahao.baidu.com/s? id ＝

1593419476315720033&wfr=spider&for=pc.

[11] Skinner B F. Can Psychology Be a Science of Mind?[J]. American Psychologist,1990,45(11):1206-1210.

[12] 刘凯,王培,胡祥恩.理学与人工智能交叉研究:困难与出路[J].中国社会科学报,2019:01-14.

[13] 玛格丽特·博登.AI:人工智能的本质与未来[M].北京:中国人民大学出版社,2017.

[14] 科学盘点认知图谱:全球第三代 AI 的"大"机遇[EB/OL].(2020-12-08)[2021-05-01].https://www.sohu.com/a/437012842_116132.

[15] 彭聃龄.普通心理学:第4版[M].北京:北京师范大学出版社,2012.

[16] 韩进之,王宪清.德育心理学概论[M].上海:上海人民出版社,1986.

[17] 刘林,刘诚香.基于"知情意行"干预模型的大学体育教学改革探究[J].体育科技,2018,39(5):47-49.

[18] 蔡升桂.关系营销研究综述[J].法制与社会,2016(36):112-113.

[19] 杜莹.150人定律[J].聪明泉,2003(9):19.

[20] 叶开.如何有效实施客户关系管理战略[J].销售与管理,2005(2):104-105.

[21] 鲍勃·尼斯.决策的力量:改变自己和影响他人的7个策略[M].北京:中信出版社,2017.

[22] Maslow A H. A Theory of Human Motivation[J]. Psychological Review,1943:370-396.

[23] 银保监会:目前我国有3亿人购买长期人身险保单 被保险人接近6亿[EB/OL].(2020-12-16)[2021-04-22].https://baijiahao.baidu.com/s?id=1686225297803053667&wfr=spider&for=pc.

[24] 《2020中国高净值人群健康投资白皮书》揭示疫情后高净值人群财富观健康观[EB/OL].(2020-09-14)[2021-05-01]. https://baijiahao.baidu.com/s?id=1677979966643454306&wfr=spider&for=pc.

[25] 凯伦·梁.深度影响[M].北京:北京日报出版社,2018.

[26] 刘琪.央行等五部门:进一步强化金融支持疫情防控工作支持实体经济稳定发展[J].中国中小企业,2020(3):2.

[27] 德内拉·梅多斯.系统之美[M].浙江:浙江人民出版社,2012.

[28] 陆学艺.当代中国社会阶层研究报告[M].北京:社会科学文献出版社,2002.

[29] 张朝孝,陈一君.基于平衡原理的动态竞争演化过程分析[J].西安财经学院学报,2017,30(2):9.

附 录

1. AI 心理引擎 PEDA 模型

为了引入 AI 心理引擎 PEDA 模型,首先来分析一下客观的主观心理过程以及业务员的心理促进过程,如附图 1 所示。

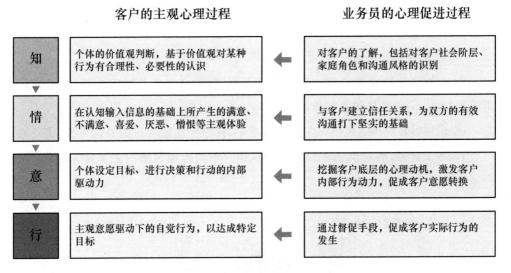

附图 1　客户主观心理过程与业务员心理促进过程

通过分析客户在付诸行动时的主观心理过程可知,知(Perception)、情(Emotion)、意(Determination)和行(Action)四个阶段构成一个渐进统一的系统,称为 PEDA 模型。通过此模型,我们可以识别客户心理画像,转变客户意愿,从而达成目标。

知——洞察客户,具体来说就是,了解客户的社会属性,如社会阶层、家庭角色等;识别客户的心理属性,如沟通风格、动机意愿等。同时结合业务场景,形成立体的客户心理画像。

情——建立关系,具体来说就是,在处理业务之前,先回应客户的情绪,建立良好的沟通关系,再进行业务层面的沟通。

意——转换意愿,具体来说就是,根据客户心理画像特征,挖掘客户的痛点,寻求客户的心动时刻,激发客户态度和意愿的转换。

行——督促行动,具体来说就是,结合业务政策和策略,通过谈判博弈,跟客户达成一致的行动方案,促成客户实际行动的发生。

PEDA 模型的策略如下。

(1) 洞察客户

① 识别客户的社会阶层。社会阶层是客户心理画像中不可或缺的社会属性,社会阶层的识别是客户痛点挖掘的前提。社会阶层包括收入水平、职业、户籍、学历和有无房产等信息,本书第 3.1.2 小节中有详述。

② 了解客户的态度和意愿。在与客户接洽的初期,我们要以了解客户为目标,不以业务沟通为目标,尽可能多提问题,了解客户真实的意愿。

③ 识别客户的家庭角色。在与客户沟通中,通过寻找共同的话题,了解客户的家庭结构,识别客户的家庭角色。

④ 识别客户的沟通风格。在前期沟通中,我们要注意客户的表达习惯、表达语气、语调和关键词,准确识别客户的沟通风格。不同沟通风格的主要特征如附图 2 所示。

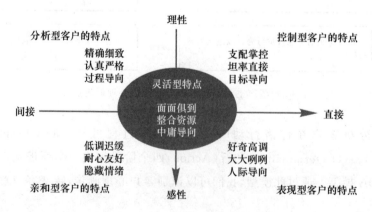

附图 2　不同沟通风格的主要特征

⑤ 结合业务场景形成立体的客户心理画像。我们要充分了解客户,特别是社会属性和心理维度,结合不同的业务特征,形成客户心理画像,是沟通目标达成的基础。

(2) 建立关系

① 打破与客户沟通的坚冰,用亲切的称呼代替公事公办的称呼,快速拉近我们与客户之间的距离。

② 保持良好的职业形象与得体的说话方式,能够让客户更愿意与我们建立联系。

③ 根据客户的沟通风格,调整自身的沟通风格,营造良好的沟通氛围。应对不同沟通风格客户时的注意事项如附图3所示。

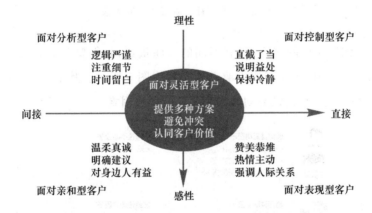

附图3　应对不同沟通风格客户时的注意事项

④ 优先处理客户的情绪,再处理业务事宜。

⑤ 识别客户的显性情绪:感受客户传递来的压力是否增多;客户讲话的词语量是否增多;客户讲话中预告的行为是否增多。

⑥ 识别客户的隐性情绪:感受客户交流动力是否减少;客户讲话的词语量是否减少;客户规划未来的动力或者能力是否减少。

⑦ 应对客户显性情绪:承接客户发泄的情绪,给足他时间和空间;表达共情,不回避也不冲突;温柔而坚定地坚守原则,适当发力。

⑧ 应对客户隐性情绪:紧紧贴住,描绘美好未来;主动出击,"缺啥给啥";"以毒攻毒",描绘绝望场景。

（3）转换意愿

① 识别客户的社会阶层，挖掘客户不同的痛点。不同社会阶层的不同需求如附图4所示。

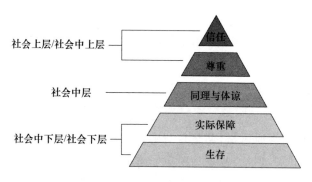

附图4　不同社会阶层的不同需求

② 不同沟通风格的客户，具有不同的关注重点，我们要灵活面对。不同沟通风格的趋向性驱动因子与规避性驱动因子如附图5所示。其中，趋向性驱动因子的正向的动力因素；规避性驱动因子为负向的动力因素。

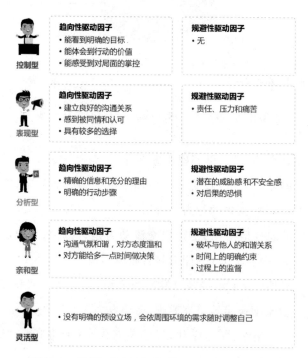

附图5　不同沟通风格的趋向性与规避性驱动因子

③ 客户的家庭角色决定客户的实际痛点。

a. 祖父辈：做好个人保障，减轻子女赡养压力。

b. 父亲：面临"顶梁柱"压力，需要解决两个家庭的问题。

c. 母亲：关注子女以及其他家庭成员的状况。

d. 未婚：独立自主，减轻父母的负担。

④ 围绕客户的需求、关注重点及实际痛点制定针对性影响策略，更能激发客户的主观意愿转变。

⑤ 抓住客户的"心动时刻"，客户发问时，主动对其施加影响。

（4）督促行动

① 当客户下定决心时，跟客户探讨可执行的具体方案，落实行动。

② 给予客户一定的时间压力，让客户更愿意接受我们的意见，保留随时离开的姿态，对客户进行一定程度的施压。

③ 尽量让客户了解到我们在做的实际工作进度和付出的努力，让客户参与其中，一起推动进展。

④ 称赞客户做出的每一个实际行动，夸奖客户的行动效率，做好客户维护，并在成交后及时表示感谢。

2. AI 心理引擎 RID 模型

RID 模型如附图 6 所示。其中关系（Relationship）模型、影响（Influence）模式、需求（Demand）是满足 RID 模型的三个关键要素。

附图 6　RID 模型

RID 模型从客户心理画像的角度，总结了营销服务的三个关键要素。

（1）信任关系

关系营销的核心是客户关系,其关键点在于对不同的客户采取不同的应对方式,通过获取客户的信任,可以与客户建立信任关系。

（2）影响模式

在影响客户决策的过程中,利用情绪表现、沟通风格、决策风格、专业感知等心理因素影响客户决策,实现客户从不感兴趣到有兴趣、从被动反感到主动配合的转变。

（3）需求满足

深度挖掘客户的实际需求,主要考虑客户的人际需求与行业需求两个方面,帮助客户解决实际问题,以达到营销目的。

以上三个关键要素的相关策略如下。

（1）信任关系策略

① 梳理客户名单,标注不同客户的信任等级。

② 对待不同的客户,按照不同的信任等级,制定针对性的行动计划。

③ 有意识提升与客户的信任关系。找到与客户的相似点,如相同的家庭角色、兴趣点或价值观等,并告知客户,拉近与客户的心理距离。

④ 增加一定的价值投入,为客户创造惊喜,例如,向客户送一些小礼物。

⑤ 营造行业专家的个人形象,抓住机会展示自身的专业知识和专业服务。

（2）影响模式策略

① 在决策过程中,不同沟通风格的客户会受到不同因素的影响,我们要摸准客户的风格,从而对其施加影响。影响不同沟通风格客户的决策因素如附图7所示。

附图7 影响不同沟通风格客户的决策因素

② 把握客户的情绪状态,处理客户情绪问题的关键在于:表述实施情况,说明原因理由;提供新的选择,引起客户关注。

③ 在沟通中,多提及别人的做法,影响客户的无意识选择。

④ 当客户陷入决策困境时,打断客户现阶段的思考,提供新的可选项。

⑤ 尝试不同的表述方式,转变客户思路,带着客户一起解决问题。

(3) 需求满足策略

① 识别客户的需求层次。根据客户的社会阶层对需求层次进行划分,从高到低依次为自我实现的需求、自尊的需求、归属与爱的需求、安全需求和生理需求。需求层次的划分如附图 8 所示。

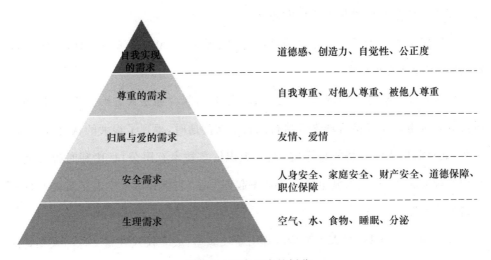

附图 8　需求层次的划分

② 开放性问题不仅能发现客户的实际需求,还能避免只向客户提供是或否的选项。

③ 在服务客户的过程中,我们不仅要满足客户对产品的多样化需求,还需满足客户的人际需求,始终在销售和服务工作中投入感情。

后　　记

此书是北京邮电大学人工智能心理引擎研究中心成立后的第一个研究成果，在此非常感谢为此成果付出心血的团队。

北京邮电大学人工智能心理引擎研究中心成立于2019年6月1日，2019年被称为"人工智能心理引擎元年"。

"AI心理引擎"由上海观识信息技术有限公司联合创始人方彤首先提出，当与时任北京邮电大学经济管理学院执行院长王欢沟通时，得到了很大的认可和支持。于是，北京邮电大学经济管理学院、上海观识信息技术有限公司、比利时鲁汶大学组织心理研究中心、北京城市学会联合发起创办了"北京邮电大学人工智能心理引擎研究中心"。

2019年6月1日，"'人工智能心理引擎实验室'成立仪式暨新文科与人工智能高端研讨会"成功举办，高峰论坛由王欢院长主持，北京邮电大学时任副校长、现任校长徐坤教授致辞，会议高度肯定了人工智能与心理学结合的方向和经济管理学院在"新文科基地建设"的开拓性做法。

北京邮电大学人工智能心理引擎研究中心成立之际，王欢院长召集人工智能专家、北京邮电大学前任副校长郭军教授，社会心理学专家、北京大学光华管理学院彭泗清教授，北京邮电大学计算机学院杜军平教授，中国人民大学劳动人事学院副院长孙健敏教授，北京邮电大学经济管理学院副院长马晓飞副教授，北京邮电大学经济管理学院时任副院长闫强教授，中科院心理学研究所蔡华俭研究员，社科院社会心理学室主任王俊秀研究员，北京城市管理学会副会长张耘研究员一起论证

后 记

了"心智层人工智能"在技术推动、理论创新、应用实践中的价值，为人工智能和心理学的结合指明了方向。

本书的内容融合了北京邮电大学人工智能学科的部分成果、北京邮电大学经济管理学院"新文科基地建设"的部分积累、上海观识团队将 AI 心理引擎应用于金融行业的方法论和部分案例、比利时鲁汶大学组织心理研究中心团队在心理学前沿的部分成果，是心理引擎驱动行业数字升级的有益实践。不久的将来，AI 心理引擎在健康、教育、电商等行业会有系列成果。

本书主要作者是王欢、方彤、马晓飞、刘敏，其他参与者有叶冉、张晓红、陈美平、任冰、王俊、邱秋琳、马诗敏、闻桢标、任丽丽、陈志鹏等人。

感谢南开大学金融学院副院长刘澜飙教授、中国人民大学社会心理学研究所所长王卫东副教授对"AI 心理引擎"研究及应用的专业指导。

特别感谢中国人民大学社会心理学研究所创办人、"中国社会心理学会终身成就奖"获得者沙莲香先生。沙莲香先生一向鼓励创新和融合，在"AI 心理引擎"提出之初，给予了极大的鼓励和关注，并在专业发展方向和路径上给予了悉心指导。沙莲香先生构建的"中国民族性"理论体系为"AI 心理引擎"的研究依据之一。今惊闻先生驾鹤仙去，相信其至善至美的人生精神会鼓舞着后辈们在"中国人"的识别与干预领域取得更多的成果。

北京邮电大学人工智能心理引擎研究中心